Carl Gustav Jung

Die Beziehungen zwischen dem Ich und dem Unbewußten

自我と無意識の関係

C・G・ユング

野田 倬=訳

人文書院

自我と無意識の関係　目次

第一部　意識におよぼす無意識の諸作用

第二部　個性化

自我と無意識の関係

第一部　意識におよぼす無意識の諸作用

第一章　個人的無意識と集合的無意識[1]

周知のように、フロイトの考え方によれば、無意識の内容は幼児的傾向に限られる。相容れない性質を持っているために、これら幼児的傾向が抑圧されているわけである。抑圧というのは、ごくおさない時期から、周囲の道徳的影響を受けながらはじまり、生涯にわたって持続する一つのプロセスである。精神分析によって、この抑圧がとり除かれ、抑圧されていた願望が意識化されることとなる。

このフロイト理論にしたがえば、無意識はいわば、ほとんど意識的であるといってもいいような、結局は教育によって押さえつけられているだけの人格部分を含んでいるにしかすぎない。ある観察方法にとって、無意識の持つ幼児的諸傾向がもっとも多く表われるからといって、それにしたがっ

1　本論文のオリジナルは「無意識の構造《ラ・ストルクツール・デ・ランコンシャン》」と題して「心理学文庫《アルシーヴ・デ・ペシコロジ》」で活字となった。本章はドイツ語では発表されなかったオリジナル版に大幅に加筆し、訂正を加えたものである。

て無意識一般を定義したり、評価したりするのはまちがっているだろう。無意識は、もう一つ別の側面を持っている。すなわち、無意識の領域に含まれるのは、抑圧された内容のみではなく、意識の限界値に手の届かないいっさいの心的素材も含まれるのである。これらの心的素材がすべて意識の手に届かないことを、抑圧の原理から説明することは不可能である。そうでないと、抑圧がとり除かれると人間は、もはや何一つ忘れることのない稀有な記憶を持つということになりかねない。

無意識の内部には、抑圧された素材のほかに、意識の手に届かなくなってしまっているいっさいの心的なものがある、ということをわれわれとしては強調しておきたい。昇華された感覚的知覚もこれに含まれる。そのほかに、われわれは豊富な経験からのみならず、理論的な根拠からも、無意識が意識の限界値にまだ到達していない素材も含んでいる、ということを知っている。この素材は、あとになって意識化される内容の萌芽なのである。さらに、無意識は、不活性であるといっても決して休んでいるわけではない、と考えていい。無意識はたえずその内容の編成や再編成に余念がない。この無意識の活動がわが物顔で独立するのは、神経症が表われるときだけと考えるべきであろう。通常は、意識と無意識との補償関係という意味において、無意識の活動性は意識と並列しているのである。

この無意識的諸内容は、それらが個人的存在が獲得した持ち分であるというかぎりで、すべて個人的性質のものである。個人的存在は限度があるので、無意識の持ち分の数も限られたものにならざるをえない。そのために、精神分析をおこなうことによって、あるいはまた無意識の諸内容の完全な財産目録を作成することによって、無意識が汲みつくされてしまうことも可能だ、ということになろう。無意識は、すでに既知のもので、意識のなかで想定されるもの以外にはもはや産み出せないであろう、というふうにあるいは考えられるわけである。さらに、すでに述べたように、抑圧をとり除けば、意識の諸内容が無意識のなかに沈下するのがせきとめられることになり、そのことによって無意識の生産活動がとまってしまうであろう、という結論も出せるであろう。われわれが体験から知るところでは、こういうことは、ごく限られた程度でしか可能ではない。われわれは患者に対し、それまで抑圧されていたのに、再び意識に同化された諸内容をしっかりつかまえ、それを自分の人生設計のなかに取り入れるようにうながす。しかし、このような処置をとったところで、無意識はびくともしないのだ、と毎日われわれは確信せざるをえない。夢も幻想も、本来のフロイト理論にのっとれば、個人的抑圧にもとづいているはずであるが、無意識は平気で相も変らず、その夢や幻想を産み出しつづけるからである。このようなケースにおいて、理路整然と、偏見にとらわれることなく観察をつづけてゆくと、たしかに幼いころの個人的な内容に形の上で似てはいるものの、個人的なものを超えているということをいろいろ示唆するようなものを含んでいるように思われる素材が見出されてくる。

いま述べたようなことを説明する何かいい例はないか、考えてみた。一人の女性患者のことをまざまざと思い出した。彼女のかかっていたヒステリー性神経症は、それほど重症というわけではなかった。その当時、およそ今から十八年前はそういうふうに言われたものだが——主として「父親コンプレクス」に基づくノイローゼであった。これはどういうことかといえば、患者の対父親への独特な関係が阻害されているという事実をさしているのである。彼女は自分の（それまでは生きていた）父親に対し、非常にいい関係を保っていた。関係といっても、主に感情面での関係である。そういう場合、よく発達するのはたいてい知的な機能である。したがって、のちに世間への橋渡しの役をするのも、この知的機能である。こうして、患者は哲学科の女子学生となった。持ち前の活発な認識衝迫が、彼女を父親に対する感情的な固着から脱け出させようとする動因となった。このような処置は、知性を基盤とする新しい段階の上に、感情も作用することができれば成功する。たとえば、別の適当な男性に対し、以前父親に対するのと同価の感情関係が生じさえすればいい。このケースでは、しかし移行はなかなかうまく行く気配を見せなかった。父親と、それほど適当でもない一男性とのあいだの感情が不安定だったからである。これによって、人生の進歩もむろん停滞してしまった。そしてノイローゼ独特の、例の自己との不一致が起こった。いわゆる正常な人間ならば、おそらく何らかの強力な意志行動で、二つのうちのいずれか一方の側の感情桎梏をたち切ることもできよう。あるいは、――こちらの方がひょっとすると普通かもしれないが――正常人なら本能の命ずるままに平らな道をすべっていって無意識のうちに別の側にたどりつく。そして、少々頭痛がしようが、そのほか身体の不調をおぼえようが、その背後でどんな葛藤がおこなわれたかについては、露知らないのである。ところが、どこか一つでも本能の弱点があれば（これにはさまざまな原因がありうる）、順調な、無意識的な移行はさまたげられてしまう。すると、進歩は葛藤をひき起こす。そこから生ずる生の停滞はノイローゼと同義である。すなわち停滞状態の結果、心的エネルギーがありとあらゆる方向へ、さしあたって不必要と思われる方向へとあふれ出す。たとえば、交感神経の強すぎる刺激が生じる。その結果として神経性の胃腸障害がひき起こされる。あるいは、迷走神経が（それとともに心臓が）興奮させられる。あるいは、それ自体ちっともおもしろくもないような空想なり追憶なりが、過大評価され、意識をうるさがらせる。（たとえば、しらみが象になる！）このような状態にあっては、病的な拮抗にけりをつける、あらたな動因が必要である。人間の本性そのものが、無意識のうちに、かつ間接的に、転移現象というものを通してこれを容易ならしめるのである（フロイト）。すなわち、治療をしてゆくうちに、女性患者は医師に父親像を転移して、医師をいわば父親に仕立ててしまう。かつまた、医師は父親でもないのであってみれば、自分がものにできなかった男の等価物にもしてしまう。かくて医師は、いわば父親ならびに恋人になる。言いかえると、葛藤の対象となる。対立関係は、医師のなかで統合される。それゆえ、医師はいわば葛藤の理想的解決を表わしていることになる。こうして医師は、心にもなく、局外者にはほとんど理解できない、女性患者の過大評価を受け、神様仏様とあがめられる。この隠喩は、そう見えるほどにおかしいものではない。父親と恋人役を兼ねることは、事実、荷の勝ちすぎることである。だれ一人、これを長くこなせる者はいない。まさに荷が勝ちすぎるからである。このような役をつねに抜かりなくやりおおせるには、実際のところ少なくとも半神でなくてはならないだろう。つまり、たえず、与える者でありえなければならないだろう。転移の状態に置かれた患者にとっては、このような暫定的な解決ははじめは理想的なものと思われるかもしれぬ。しかし、時が経つにつれ、この解決も停滞状態となる。かかる状態は、神経症的葛藤と同じように好ましくないものである。つまるところ、真の解決を目差す途上で、何一つ役に立つことが起こらなかったことになる。葛藤が転移されただけの話である。いずれにしろ、転移がうまくいった場合、それは——少なくとも暫定的には——ノイローゼ全体を消滅させることはできる。したがって、転移という現象は、フロイトによってまさしく正当に、第一級の治癒要因と認められたのである。と同時に、治癒の可能性をたしかに約束はするものの、決して治癒そのものではない、たんに暫定的な状態としか認められていない。

いささかまわりくどい、このような解釈は、私の持ち出した実例を理解するためには、欠かせないように思われる。すなわち、私の例の女性患者は転移の状態に達しており、すでに、停滞状態が不快になりはじめる上限に到達していた。生じた問いは、これからどういう手を打つべきか、ということであった。むろん私はあくまでも救済者たる神様になってしまっていた。だから、私を諦めなくてはならないという考えが、女性患者にとっていやなというだけではなく、まさにおそるべきものであったことはいうまでもない。いわゆる「健康な人間理性」なら、このような状況において、「要するにこうすべきだ」、「そうすべきであろう」、「そんなことは駄目だ」といったあらゆる御託宣を並べたてるのが普通である。幸いなことに、健康な人間理性は稀でもなければ、無力すぎるわけでもない（ペシミストがいるのはわかっている）。したがって、まさしくこのような、満足によって高められた転移状態においては、理性的な一契機が情熱をひき起こし、そのため強力な意志の決断によって、手痛い犠牲がものともしないで忍ばれるということもありうるのである。これが成功すると（成功することは実際よくある）、そのような犠牲は幸多い収穫をもたらす。つまり、これまで病気であった患者が、一足跳びに、実際になおってしまった状態に置かれるという事態も起こりうる。医師は、このような事態に接すると、何はともあれうれしいわけで、理論的にいろいろ難点があろうと、この小さな奇蹟に免じて、物の数ではないのである。

このような飛躍が成功しない場合——私の例の患者は成功しなかった——、転移解消の問題に直面させられることになる。ここにおいて、「精神分析の」理論も、大いなる暗闇にはいりこんでしまう。どうやら、あいまいな成り行きまかせということになる。すなわち、何とかなるであろう、という次第である。たとえば、「その女性患者に金がなくなれば、ひとりでにおさまるさ」と考えるわけである。これは、ちょっと皮肉っぽい同僚が私に対していった言葉であった。あるいは、生の苛酷な要請があり、それが転移にいつまでもとどまっていることを不可能ならしめる。進んでなされたわけではない、あの犠牲を強制するのである。時には、これは程度の差こそあれ完全な再発をともなうことがある（このようなケースについての記述を、精神分析礼讃の書物のなかに探し出そうとしても無理な話である）。

たしかに、どうしようもない絶望的なケースがある。しかしまた一方に、行きづまってしまわないケース、痛ましくも片足撃ち落とされた格好で転移の状態から転がり落ちないですむケースもある。私は自分に——まさに例の女性患者のケースにおいて——言い聞かせたのであった。このような経験からも人間を完全無欠に、自覚的に導き出してくれるちゃんとした、明確な道があるにちがいないと。その女性患者はたしかに、とっくに金が「なくなって」しまっていた（そもそも以前にいくばくか所有していたとしての話だが）。しかし私は、自然がどのような経路をたどって、この転移による停滞状態の満足のゆく解決を招来するのか、知りたいという好奇心にかられていた。どんなやっかいな状況にあってもどうふるまえばいいか、はっきり知っているような健康な人間理性を自分が持ち合わせているなどと、うぬぼれたことは私は決してなかった。女性患者も私と同じであった。そこで私は彼女に切り出した。せめて、われわれの知ったかぶりやわれわれのもくろみなどが手の届かない心的一領域に由来するあの動きに注目してみようと。何はともあれ、その心の動きとは、夢のことなのであった。

　夢に出てくるイメージや思考連関は、決してわれわれが意識的な意図をいだいて産み出したものではない。これらのイメージ、思考連関は、自発的に発生したものであり、われわれが手を加えたわけではない。いわば、恣意性のおよばない心的活動を表わしている。したがって、夢はもともと高度に客観的な所産であり、いってみれば、心《プシュヒェ》の自然的所産なのである。それゆえに、夢から少なくとも、心の営みのある一定の基本傾向に対する示唆やほのめかしを期待してもさしつかえない。さて、心的な生命現象は——他の生命現象と同じく——たんに因果的な経過だけではなく、未来志向的な、合目的的な事象でもある。したがって、心的な生命現象の自画像に他ならない夢というものから、一方では、客観的な原因性についての情況証拠、客観的な諸傾向についての情況証拠を期待していっこうにかまわないことになる。

このような考えに基づいて、われわれは夢をかたっぱしから丹念に観察していったわけである。そのときの一連の夢を残らず事こまかに述べるのは、行き過ぎであろう。それらの夢の主要性格を描写すれば、十分であろう。それらの夢の大多数は、医師という人物に関連していた。すなわち、行動する人物は、まぎれもなく、夢見者である彼女と、彼女の担当医の二人なのである。しかし、医師の方は、そのままの姿で登場することは滅多になかった。たいていは独特に歪曲されていた。医師の姿は、超自然的な大きさのこともあれば、ひどく年をとっていることもあり、それから彼女の父親にそっくりのこともあった。ただそのときには奇妙に、自然がバックとなっていた。たとえば、次のような夢である。父親（実際には小柄だった）が彼女といっしょに丘の上に立っている。丘は小麦畑でおおわれていた。彼女は父親にくらべて小さかった。父親はまるで巨人のように見えた。父親は彼女を地面からかかえ上げ、小さな子供を抱くように彼女を両腕に抱いた。風が野面を渡っていった。小麦が風に吹かれてそよぐように、父親は彼女を腕のなかでゆすってくれた。

このような夢、あるいはこれに似たような夢から私はさまざまのことを見てとることができた。なかでも、私が彼女の父親兼恋人役であるということに彼女の無意識がしっかりとしがみついているかのような印象を私は受けた。それによってどうやら、解かなくてはならない宿命的結びつきが、さらにもう一度はっきりと強化されてしまったように思われた。またさらに、無意識が父親兼恋人役の持つ超人間的な、いわば「神様のような」性格に重きを置いているようだ、というふうに見ざるをえなかった。これによって、転移と結びついた過大評価が同じようにさらに強調されたことになる。だから私としては、この女性患者はいったい相変らず自分の転移がすっかり非現実であることを見抜けないでいるのだろうか、それとも結局、無意識というものは、分別ぐらいではそもそもどうにも手におえぬしろものであって、盲滅法に白痴的に、ナンセンスなもの、不可能なものを追い求めるのであろうか、などと首をかしげたものである。無意識は「ただ欲することができるだけ」だとするフロイトの考え方、ショーペンハウアーの盲目的、無目的的な原的意志、うぬぼれて自分を完全無欠と思いこみ、盲目的にかたくなにひどい不完全なものを創り出す、グノーシス派の造物主――このような、本質的にネガティヴな世界ないしは魂の深淵に対してのペシミスティックな疑念が、迫るように接近した。これに対しては、実のところ、「君はこうすべきだ」という善良な忠告と、その忠告を、この非現実性全体を永久に打ちくだく大英断によって強化する以外に手はないであろう。

しかし、さまざまの夢をさらに徹底的にしらべてゆくうちに、私には別の可能性のあることが判明し出した。次のように私は考えたのである。今後も夢が、女性患者と私にとって、二人が交わす会話のなかから十分すぎるくらいにわかっている隠喩を使って語りつづけること、このことは否定できない。女性患者自身は、自分の転移の非現実性についてまごうかたなく察知している。彼女は、私が半神的な父親兼恋人として彼女に対し現われることを知っている。それと私の実際の現実の姿とを、彼女は少なくとも知性の上では区別することができる。つまり、夢は明らかに、意識的な批判を差し引いた意識をくり返している。この批判は、夢によって徹底的に無視される。すなわち、夢は意識的な内容をくり返しはする。が、決して十全にではない。「健康な人間理性」に対して、空想的な立場を堅持しているのだと。

むろん、次のようにも自分に問うた。この頑固さはどこから来るのか、目的は何かと。夢が何らかの目的的な意味を持っているにちがいない、ということは私には明白であった。ほんとうに生きている物で、何らかの合目的的な意味を持たない物はないからであり、言葉をかえて言えば、ある昔の事実のたんなる残存物であると決めつければ説明のつくような物はないからである。しかし、転移のエネルギーは結構強いのであって、生きた一欲動という印象を与えるほどである。では、かかる空想の狙いは何なのか。いろいろな夢を、とくに私がさきほど逐一伝えた例の夢を詳しく考察し、分析すれば、一つの明白なる傾向——人間の尺度に還元しようとする意識の側からの批判に対して——医師という人物に超人間的付属物をくっつけようとする傾向のあることがわかる。巨大な姿、高齢、実の父親より大柄であること、地上を渡る風。明らかにさらに神様に仕立てようというのであろうか。それとも、と私は考えた。結局、事態を逆にとるべきなのか。つまり、無意識は医師という人物から一個の神を創り上げようとしているのか。個人的な外皮からいわば一個の神の表象を解放しようとしているのか。それゆえに、医師という人物になされた転移は、意識のなかでおこなわれた誤解であり、「健康な人間理性」の愚行にしかすぎなかったのか。無意識の衝動が人間に手を伸ばそうとするのは、ひょっとしたらそれは見かけだけのことであって、もっと深いところではほんとうは一個の神を求めているのではあるまいか。神の希求は、何者の影響をも受けぬ、きわめて謎めいた欲動性格に発した情熱ではありえないか。もしかすると、人間という人物に対する愛よりも深く、強いものではあるまいか。あるいは、ひょっとすると、これこそは転移とよばれるこの無目的的な愛の最高の意味、本来の意味ではなかろうか。ひょっとして、十五世紀以来意識から姿を消していたほんとうの「神の愛」の一つではないのか。

　れっきとした人間に対する情熱的欲求ならば、その現実性に疑いをさしはさむ人はいないであろう。ところが、診察時間に、ドクトルの散文的な姿に事よせて語られ、とっくの昔に歴史的なものになってしまっている宗教心理学の一片が、いってみれば、中世の骨董品が――かのメヒトヒルト・フォン・マグデブルクのことが思い出される――じきじきに生きた現実として出現するにおよんでは、これはまじめに受けとるには、おそらく最初はあまりにとっぴに思われるであろう。

　ほんとうに学問的な態度というものは、無前提でなければならぬ。ある仮説の妥当性をはかる唯一の物差しは、その仮説が発見的価値を持っているか、説明的価値を有しているかということである。さて、問題は上に述べた諸可能性が、妥当的な仮説とみなすことができるかどうかである。無意識的傾向が人間の彼岸にある目標を目差していることを不可能だとする理由は、先験的《ア・プリオリ》にはまったくありえない。無意識は「ただ欲する」ことができるのである限り、そうである。どれがよりよく適合する仮説であるかを決めるのは、一にかかって経験に他ならない。

例の女性患者は非常に批判的であって、この新しい仮説はなかなかぴんとこないようであった。私が父親兼恋人役であり、そのような役として葛藤解決の理想像を表わしているという以前の見解のほうが、彼女の感情にとっては、較べものにならぬほど大きな魅力を持っていたからである。それでも彼女の知性は明晰で、かかる仮説が理論的に可能であることを見抜くことができた。その間、夢は医師の形姿をますます大きくさせていった。それと結びついて、初めちょっとびっくりさせられるようなことが起こった。すなわち、転移の足もとに穴をうがつようなことである。相も変らず、彼女は意識の面で転移にすがりついてはいたが、ある男友達との関係がみるみるうちに深まったのであった。やがて私と別れる時が訪れても、愁嘆場は演じられなかった。きわめて理性的な別れ方であった。私は転移解消過程における唯一の目撃者であるという特権を持っていた。超個人的な照準点がいわば――他に言いようがないのだが――指導的な機能を発揮しだして、一歩一歩、これまでの個人的な過大評価をすべて自分の方に移行させ、このようなエネルギー流入とともに、抵抗する意識に対する影響力をも獲得するのを私はつぶさに見ることができた。むろん、女性患者の意識はそのことについて十分に気づくということはなかった。このようなことから、夢がたんに幻想にすぎないというわけではなく、無意識の発展を自分で記述したものである、ということを私は悟るにいたった。この無意識の発展のおかげで、女性患者の心は徐々に不適当であったその個人的な結びつきから抜け出すことができたのである。(1)

1　これについては、『心理学的類型』六七四ページ、「超越的機能」を参照のこと。

このような変化が生じたのは、すでに述べたとおり、無意識的に超個人的照準点が発展していったためである。いわば、これは仮想的な目標とでもいうべきもので、それが象徴的に一つの形をとって表わされたわけで、その形はおそらく神の表象とでもしか名づけられないであろう。夢は、医師という人物を超人間的なプロポーションへといわば歪めた。巨大な、年をひどくとった父親にかえた。その父親は同時にまた風でもあり、その腕のなかに抱かれて、夢見者はまるで乳飲み子のように憩うのであった。この（キリスト教教育を受けた）女性患者の神というものの意識の面での表象こそ、一連の夢に出てきた神イメージの原因だとみなそうとするなら、この神イメージが歪曲されていることが、改めて強調されざるをえないであろう。宗教という点に関しては、この女性患者は批判的態度、不可知論的態度をとっていた。もしかりに神の存在というようなものをこの患者が考える場合、それはとっくに、具体的な形で考えることができない領域、すなわち、完全な抽象化の世界に属するものになっていた。そのような神イメージに対し、夢における神の像は、自然界の魔神といおうか、あるいはひょっとしてヴォータンとでもいうべき古代的な表象に照応している。Θεὸς τὸ πνεῦμα つまり「神は精霊なり」の πνεῦμα （＝「精霊」の意・訳者注）が、ここではもともとの意味であった「風」にさかのぼって訳しかえられている。つまり、神は風なのであり、人間より強く、大きく、目に見えないいぶき的存在だとされるわけである。ヘブライ語においてもそうだが、アラビア語でも rūh は気息と精霊をさす。[1] 夢が個人的な形をもとにして展開しているのは、古代的な神イメージであって、これは意識の面での神概念とは似ても似つかぬものである。それはたんに幼児的イメージ、幼年時代の追憶にしかすぎぬ、という反論があるかもしれない。私としても、かりに天国の黄金の玉座にすわっている老人というようなイメージだったら、そのような反論に与するであろう。しかし、まさにそのようなセンチメンタルなイメージではないのである。ここにあるのは、原始的な直観なのであり、それは古代的なものの考え方にしかふさわしくないものである。このような原始的直観の種々相については、拙著『リビードの変遷と象徴』において多数の実例を挙げたけれども、こういうものを見てゆくと、どうしても無意識の素材を区別しないわけにはゆかないと思われてくるのである。区別といっても、「前意識」と無意識との差異とか、「サブコンシャス」と「アンコンシャス」との差異とはちがった性質の区別である。こういったもろもろの区別の正当性については、ここでは取り上げないことにしよう。それらはそれなりの価値を持っており、おそらくそれぞれの観点として今後も役割を果たしつづけてゆくであろう。経験を積むうちにどうしても私も区別の必要性を感じたわけであり、この区別を従来の視点に加えて一つの新しい視点として評価してもらいたい、とだけ要請しておく。今までに述べてきたことから、無意識のなかにいわば一つの層を区別することができ、これを個人的無意識と呼んでさしつかえないであろうことは明らかである。この層に含まれている素材は、個人的性質のものである。これらの素材は、一方では、個的存在の獲得したものという特徴を有し、他方では、ほとんどいわば意識の表面に浮

1　詳細な論証は、ユング『リビードの変遷と象徴』の索引「風《ヴィント》」を参照のこと。

かび上ることができる心理的因子という特色を持つ。たしかに一方では、そりの合わない心理的要素が抑圧の支配下に入り、そのため無意識になっているということは自明のことである。しかしまた一方、抑圧された諸内容も、いったん認知されると意識化され、意識の世界にとどまりうるという可能性が与えられているのである。これらの素材は個人的な内容であると考えられるが、その根拠は、それらの影響や部分的な出現や由来などをわれわれの個人的過去のなかに立証することができるからである。これらの素材は、個人をつくる不可欠な諸部分であり、個人という財産目録の一部である。これら諸部分が意識のなかで欠落すると、あれこれの点において劣等性が生じる。この劣等性は器官上の欠陥だとか、あるいは生れつきの障害といったような心理的特性を持っているのではない。むしろ、不履行という意味での劣性であり、その不履行ということのために倫理的な怨恨感情が起こってくるのである。道徳的な感じ方をするこの劣等性は、欠けている素材はもともと、この道徳的感情という面からいえば、欠けているままにしておいてはいけないのだということを、換言すれば、必要な努力さえすれば意識の舞台に上っていることができるはずだということを、つねに示唆する。この場合、この道徳的劣等感はたとえば、一般的な、ある意味では任意の道徳律との衝突から生じるのではない。自分自身の自己との葛藤に根ざすのである。自己は、心の均衡という理由から欠損補塡を要請するわけである。劣等感が顔を出すところではきまって、それは、たんに無意識的なあるものの同化の要請があるというだけではなく、同化の可能性も存在しているということも暗示する。必要性の認識によってであれ、苦しい神経症によって間接的であれ、自分の無意識的な自己を同化して、自己を意識化しておくように強いるのは、結局はその人間の道徳的素質なのである。無意識であった自己の実現というこのような道を歩んでゆく人は、必然的に個人的無意識の中味を意識の世界に移しかえるわけである。それによってその人の人格のスケールが、ひとまわり大きくなることとなる。ここですぐつけ加えておきたいのは、この「拡大」はまずなによりも、道徳的な意識、自己認識に関しての話だという点である。というのも、分析によって解放され、意識の領域に移しかえられる無意識の諸内容は通常、はじめは不快な、それだからこそ抑圧された内容であるからである。そのなかにはもろもろの欲望、記憶、傾向、計画などがある。このような内容は、たとえば克明な総告解も似たようなやり方で明るみに持ち出す。しかし明るみに出される内容の程度ははるかに限られているのである。これ以上のことは、通常は夢の分析によって明らかにされる。一連の夢がだいじな点を——一つずつきわめて洗練された選択をしながら——拾い上げてゆくのを見るのは、とても興味深いことがよくある。全素材は意識につけ加えられて、視野の本質的な拡大、深められた自己認識を生ぜしめる。この自己認識については、他に類を見ないほど、これが人間を控え目にさせ、人間らしくするのに向いていると推測せざるをえないかもしれぬ。だが、この自己認識も、すべての賢者が効果絶大と推測はしたものの、その効果のおよび具合は人によって千差万別である。これに関しては、実際の分析にあたれば、きわめて注目すべき体験をすることができよう。しかし、それについては第二章で扱うことにしたい。

古代的な神表象についての私の実例が示す通り、無意識はたんに個人的な獲得物や付属物以外にも、まだ他に含んでいるものがありそうである。例の女性患者には、「精霊」が「風」に由来することや、両者が類似するということは、あくまでも意識されていなかった。このような内容は、彼女はそれまで考えてみたこともなければ、教えられたわけでもなかった。新約聖書のなかの問題となるべき個所も、ギリシア語が読めるわけでなし、彼女には無縁であった（τὸ πνεῦμα πνεῖ ὅπου θέλει 風は己が好むところに吹く）（ヨハネ伝3章8節）。あるいは——かりに絶対に個人的に獲得したものであるとするならば——いわゆる潜在記憶《クリュプトムネジー》、(1) つまり、夢見者がいつかどこかで読んだことのある考えの無意識的な想起なのかもしれない。そのような可能性に対しては、この特別なケースにおいては私も異を唱えることはできない。しかし私は他のケースをたっぷり見てきている——その多数の例が上に述べた拙著には見出されるわけであり、潜在記憶《クリュプトムネジー》は一例たりとも絶対にないのである。たといこのケースが——まずそんなことはありそうには思われないけれども——潜在記憶《クリュプトムネジー》であるとしても、他でもないそのようなイメージが付着し、のちになってふたたび「顕出される（ekphoriert）」（セモン）こととなった先在的素因が何であったのかは、ぜひとも説明せねばならぬであろう。いずれにしてもこれは——潜在記憶《クリュプトムネジー》の有無にかかわらず——正真正銘の原始的な神イメージなのである。それが一現代人の無意識のなかで大きくなって、生きた効果を発揮したのである。その効果たるや、宗教的＝心理学的観点で考えさせるような力を持っていたのであった。このイメージを「個人的」と名付けるのは、はばかられるような気がしてならない。これはまったく集合的イメージである。諸民族にこのイメージが見られることは、つとにわれわれは知っている。歴史的な、広く流布したこのイメージが、自然な心理的な機能を通じて、ふたたび立ち現われたのだが、別段これは不可思議なことでもあるまい。例の私の女性患者が持って生まれてきた人間の頭脳というものは、今日でもおそらく古代ゲルマン人の場合と同じように機能するわけであろうから、当然の話であろう。つまり、これは再生した元型《アルヒエテュープス》なのである。別の個所でこれらの原像をそのように私は名付けたのであった。[2] これら古いイメージをふたたび生み出すのは、夢の持つ原始的な、類似的思考法なのである。つまり、表象が継承されたのではなく、道のつけ方が継承されてゆくのである。[3]

かかる事実を考えあわせるならば、無意識は個人的なもののみならず、非個人的なもの、継承された諸カテゴリーという形での集合的なもの、[4] ないしは元型を含んでいる、とわれわれはおそらく仮定せざるをえないのではあるまいか。それゆえ私は、無意識は、いわばそのより深い層に、比較的に生命力を持った集合的な内容を有している、という仮説を提唱した。つまり、私が言っているのは、集合的無意識ということである。

1　フルールノア著『インドから火星へ――言語特賜をともなう夢遊病の研究』（一九〇〇年）、ユング著『分析心理学論集』八六ページを参照のこと。
2　『心理学的類型』五八九ページ参照。
3　私の見解を「神秘的空想」と片付けた非難は、したがって根拠のない論である。
4　ユベール・マウス共著『宗教史論叢』XXIX

第二章　無意識の同化作用のおこす後続現象

無意識の同化作用という過程は注目すべき諸現象を生ぜしめる。つまり、無意識を同化することによって、紛れもなく、というか、見苦しいくらい高揚した自己意識あるいは自己感情を築き上げる人たちがいる。この人たちはすべてを知っている。自分の無意識に関しては完璧に知悉しているのである。無意識の領域から浮かび上ってくるものについてすべてちゃんと知りつくしている、とその人たちは思い込んでいる。いずれにせよ、一回の診察のたびごとに、この人たちは医師をはるかにしのいでしまう。が、一方には、意気沮喪してしまう人たちがいる。そのような人たちは、無意識の内容に圧迫されてしまうのである。その人たちの自己感情は弱まる。無意識によって産み出される変ったことをすべて、諦めの気持で眺めるばかりである。最初に述べた人たちは、自己感情の充溢のなかで自分の無意識に対する責任を負う。が、その責任の度合が行き過ぎて、現実の可能性を踏み出してしまう。もう一方の人たちは結局、自分に対する責任はいっさい拒絶する。無意識界を支配する宿命に対しての自己の無力を痛感し落胆するからである。

さて、これら両極端の反応の仕方を分析的により正確に眺めるならば、次のようなことが判明する。すなわち、第一のグループに属する人のオプティミスティックな自己感情の背後には、これを裏返しにしたような心細さ、もっとずっと深い心細さがひそんでおり、この心細い頼りのない感じにくらべると、意識的なオプティミスムなどはまるで失敗に終った補償のようにしか見えない。さらに第二のグループに属する人のペシミスティックな諦観の背後には、頑強な権力志向意志があり、自信という点にかけてこの意志は、第一グループの人の意識的オプティミスムを何倍もしのぐのである。

このように二つの反応の仕方を紹介したけれども、この二つは大まかな両極端を示したにすぎない。もっと細かなニュアンスの差をつけてゆけば、現実に近くなるであろう。すでに別の個所で述べたとおり、どんな被分析者も、初期段階においてすぐにそれ以上に治療を必要としないという程度に症状から解放されないときには、新しく獲得した知見を最初は自分のアブノーマルな、神経症的態度のために無意識に濫用してしまう。この点に関してのごく大事な要因は、この段階においてはまだ一切が客体段階において理解されるという状況、すなわち、イマーゴと客体との区別がつかない、つまり客体への直接的な関係を持っている、という状況である。したがって「他者」を客体として最も重要視してしまう人は、分析のこの段階で自己認識に関して吸収しえたことの一切からこう結論するであろう。つまり、「なるほど――他者とはこういうものなのだ」と。だからこういう人は、寛容であろうと不寛容であろうと、その人なりに世間の蒙を啓く義務があると感じるであろう。反対に、自分を他の人々に対して主体というより客体だと思っている人は、このような認識に負担を感じ、それに応じて落ちこむことになろう（むろん、これらの問題を暗示的にしか体験しないところの、数多くのもっと表面的な性格の人々のことは度外視する）。両方のケースとも、客体に対する関係の強化が現われる。はじめのケースは能動的な意味においてであり、あとのケースは受動的な意味においてである。集合的な要素の明らかな強化が生じる。最初のケースの人は自分の行動の領域を拡大し、あとのケースの人は自分の苦悩の範囲を拡大することになる。

　アードラーは「神に似ていること」という表現を使ったことがあるが、これは神経症的な権力心理学のいくつかの特色を特徴づけるためであった――私もここで『ファウスト』から同じ概念を引っぱってくるけれども、私の場合はメフィストが学生の記念帳に一言書いてやる例の有名な個所に出てくる意味で引用するのである。

　その古語と（Eritis sicut Deus, scientes bonum et malum「汝等神の如くなりて善悪を知るに至らん」『ファウスト』第一部、二〇四八行。創世記三ノ五。）
　おれの叔母の蛇のいう通りにするがいい。
　貴様もいつかきっと
　自分が神に似ているのが怖くなるだろう（『ファウスト』第一部、二〇四九行以下。高橋義孝訳による。以下同じ。）。

神に似ているということは、明々白々であるように、善と悪とを知っているということ、認識しているということを指すことになる。無意識の諸内容を分析し意識化してゆくと、一種の卓越した寛容の成立という事態がおのずと生れてくる。この寛容のおかげで、無意識の持つ性格のなかでもどちらかといえば消化しにくい諸部分も受け入れられるのである。この寛容はきわめて「卓越して」おり、賢く見えるが、ありとあらゆる結果を招きよせる派手なジェスチュア以上のものではないことがしばしばである。しかし結局は、それまでは心配そうにお互いに離れていた二つの領域が合体したということなのである。決して小さくない抵抗が克服されてはじめて、これら二つの対立物の統合が成功したのである。少なくとも見かけの上では成功したわけである。より完璧なものとなった知見、それまで別れていたものの並置、それによって表現されるところの、道徳的葛藤の見かけの上での克服、これらは優越の感情を生ぜしめる。この優越的感情は、おそらく「神に似ていること」によって表現されるであろう。ところで同じこの善と悪の並置でも、ちがった性格の持主には、またちがった効果を発揮することができる。必ずしもだれもが超人間の感じを抱いて善悪の秤りを手中にしたと思うことにはならない。それどころか、自分が窮地に立っている頼りない代物と感じるかもしれない。必ずしも岐路に立つ、いわばヘラクレスごときもののように自分を感じるとは限らない。むしろ、岩礁と渦潮という二つの危難にはさまれた舵なき舟のように自分を感じるかもしれない。そして、自分ではそれと知らずに、大きな、かつ最古の人類の葛藤のなかに身を置いて、永遠の原理の衝突を体験して懊悩しているために、自分をさながらコーカサスの岩につながれたプロメテウスか、それとも十字架にかけられた者のように感じるかもしれない。これは、苦悩のなかでの神に近い存在とでもいうべきであろう。ところで神に似ていることというのは、決して学術的概念といえるものではない。にもかかわらずこの表現は、心理的事実を見事に言い当てているのである。かといって、読者諸賢のだれもが「神に似ていること」の独特の精神態度をあっさり理解できる、とは私は思っていない。そうであるには、この表現はあまりに文学的にすぎる。だから、この語によって概念規定した状態を、もっと詳しく説明したほうがいいのかもしれぬ。つまり、一人の被分析者が獲得する知見は、それまで本人にとって意識されていなかったたくさんのことを通常彼に示すのである。むろん彼はそのような認識を自分の周囲に向け、それによって従来彼には見えなかった多くのものが見えてくる（か、見えると信じる）。自分の認識が自分にとって役に立ったのであってみれば、他の人にも有用であろうと彼は思いこむであろう。それによって、ともすれば不遜になりがちである。本人としてはおそらく善意のつもりなのだろうが、他人にとってはありがた迷惑というものであろう。彼は自分が鍵を手にした、たくさんの、いやもしかするとすべての扉を開ける鍵を手にしたという気持を抱いているのだ。「精神分析」自体が、自己の限界についてこのようにナイーヴな無意識性を有している。このことは、精神分析がたとえば芸術作品に指を触れる場合のそのやり方をみれば明白である。人間の本性というものは、たんに光だけから成り立っているのではなく、十分にたくさんの影の部分も成分として持っているのであるから、実地の分析において獲得される知見は、やっかいなものであることがしばしばある。それまでは（普通そうであるように）正反対を誇示してきたとすれば、ますますやっかいだということになる。したがって新しく獲得した知見を気にする人も出てくる。それどころか気にしすぎて、そのあまり、影の部分を持っているのが自分たちだけではないということを失念してしまう。そういう人たちはあまりにも落胆してしまい、一切のものを疑い出し、もはや何一つとして正しいと思わなくなりがちである。それゆえにすぐれた分析家で、非常に立派な考えを持ちながら、それを決して公刊しない人もいる。それは、分析家たちの見た心理的問題が圧倒的に大きくて、そもそも学問的に取り扱うことなどまずは無理だと彼らには思われるからである。片やオプティミスムのために熱狂的になる人がいれば、片やペシミスムによって不安げにおどおどするようになる人がいるわけである。

大きな葛藤は、規模は縮小されてはいるが、およそこのような形のなかに現われている。このように割合が小さくなっても、本質的な点は難なく認められる。つまり、一方の思い上がりも、他方の小心翼々も、共通項は一つあるのであって、すなわちそれは自分の限界についての確信を持たぬということである。一方は法外に自己拡大をし、他方は法外に自己を卑小化してしまう。いずれにしても、個人的限界は消えてしまう。ところで、心理的補償の結果として、はなはだしい卑下は驕りと紙一重のところにあり、「驕る者は久しからず」ということを考え合わせると、優越の背後にはおどおどした劣等的感情の諸特性がちらつくのを、われわれは容易に発見することができる。事実われわれが目の当りにするものとして狂信家の例がある。狂信家などというものは確信など持っていないのである。持っていないからこそ、自分でもあまり確かとは思えそうもない自説の真実を賞めそやし、自説に同調してくれる人たちを自分の側にかき集め、その結果自分を信奉してくれる一派の人々が自分の信念の価値や信頼性を保証してくれるというように仕向けるわけである。このようなタイプの人にとってはまた、余りにもたくさん認識がたまると、それをひとりで堪えてゆくことはさほど気分のいいものではない。実のところ、その人はそのような認識とともに自分が孤立しているという感じを抱く。その認識とともにひとり置きざりにされたというひそかな不安を抱くからこそ、自分の意見や解釈をのべつに持ち出しては、いつもそうすることによって責めさいなむ疑惑から身を護ろうとすることになる。

その逆が、小心者のほうである。尻ごみすればするほど、身を隠せば隠すほど、彼のなかには理解されたい、認められたいというひそかな欲求が高まってくる。自分では劣等性などということを口にしながらも、その実決して自分が劣等であるとは思っていない。彼の内部から、認められていない自分の価値に対して何くそという確信がこみ上げてくる。だからこそ、ほんのちょっとした非難に対しても神経質になり、誤解された者の表情を、自分の正当な要求を侵害された者の表情をつねに見せる。そうすることによって、病的な誇りと尊大な不満とを造り上げてゆくわけだが、彼としては金輪際そんなものを持ちたくはないのであるけれども、彼を取りまく周囲がそれだけにいっそうたっぷりとそれを味わう羽目になる。

両者とも小さすぎると同時に大きすぎる。個人的中庸は、以前もたしかにゆるぎないとは言えなかったにせよ、今やいっそうゆれ動いているのである。このような状態をさして、「神に似ている」と言うのは、ほとんど異様に聞えるかもしれぬ。しかし両者ともに、片やこちら、片やあちらで、人間的な均衡を踏み出してしまっており、したがって「人間を超えて」しまっており、だから比喩的に言えば「神に似ている」ということになる。この隠喩は使いたくないというのであれば、心的インフレーションという用語を用いることを提案したい。この概念は、問題の状態が個人の限界を超えた人格拡大を意味するかぎりにおいて、一言で言えば、吹かれてふくれあがっているさまを意味するかぎりにおいて、打ってつけだと私には思われる。このような状態のなかで、普通ならば充満されないであろう空間が、満たされるのである。これができるのはただ、それ自体存在するものとしてわれわれの限界の外にあるとされている諸内容や諸特性をわが物にしている場合だけである。われわれの外にあるものは、他者に属しているか、それとも全員に属しているか、あるいはだれのものでもないかである。心的インフレーションは決して分析によってのみ産み出される現象ではなく、よく日常生活にも起こるものであってみれば、その他のもろもろのケースでもそれを調べることはできる。ごくありきたりのケースが、多くの男性に見受けられる自分の仕事や肩書と自分自身とのきまじめな同一視である。たしかに私の地位は、私に帰属した活動ではある。が同時に、集合的な因子でもあって、多数の人々の協力によって歴史的に生じきたったものであり、それが品位を保っていられるのも、実は集合的な同意があるからこそである。だから私がかりに私の地位なり肩書なりと私自身とを同一視したとするなら、そのような私の態度は、私があたかも、一つの地位がそうであるところの複合体的な社会的因子全体そのものであるかのようであり、私がその地位の担い手であるばかりではなく、同時に社会の同意でもあるかのような顔をしている、とでもいえようか。それによって私は異常に自己を拡大し、決して私のなかにはなくて、私の外にしかない特性を簒奪してしまったことになる。国家《レ・タート》——そは朕なり《セ・モア》、これがそのような人々のモットーである。

認識によるインフレーションの場合、原則的には似たようなものであろうが、心理的にはもっと微妙なことなのである。このようなインフレーションをひき起こすのは、社会的地位の威厳ではなく、重要な意味を持った空想のほうなのである。私が言わんとしていることを、治療体験の例を挙げて説明してみよう。そのために私が選ぶのは一男性精神病患者のケースで、この患者を私は個人的に知っており、メーダー[1]も或る刊行物のなかで言及している人物である。このケースの特色は、高度の心的インフレーションなのである。〔すなわち、一般に精神病患者の場合には、正常人にあっては暗示的にしか存在しないような現象のすべてを、より粗く、より拡大した形で観察しうる。[2]〕この患者の病気は誇大妄想性偏執狂的痴呆症であった。神様の母親とかそれに似たような偉い人たちと「電話」交信ができるのであった。彼は実際には錠前師志望の途中で挫折した徒弟で、十九歳で不治の精神の病いにかかったのである。決して知能の面で恵まれていたわけではなかった。しかし彼は、世間はいつでも自分の好きなときにめくることのできる絵本である、というすばらしい考えを思いついたのである。彼によればその証明はごく簡単で、つまり自分がただふりかえりさえすれば、新しい一ページが見えるから、というのであった。

これは、飾り気のない原始的な見方によるショーペンハウアー流の「意志と表象としての世界」に他ならない。よくよく考えてみると、がくぜんとするような考えで、実にひそかな隠遁と隠棲から生じたものであり、ただごく素朴に単純な表現がとられているために、人は最初はせいぜいその荒唐無稽《グロテスク》な点だけにほほえむだけである。しかし、このような原始的な考え方が、ショーペンハウアーの天才的な世界幻想の根底に核としてひそんでいる。天才か狂人ででもないと、現実のしがらみを抜け出してこの世界を自分の絵本として見るというような芸当は、決してできないであろう。この患者はそのような見方を発展させ拡大させるのに成功したのであろうか、あるいはそのような見方を自分のものとして身につけたのであろうか。それとも結局のところそのような見方にふりまわされ、そのとりこになってしまったのであろうか。患者の病的な解体と心的インフレーションは、後者であることを示している。もはや彼が考えたり、話したりするのではない。彼の内部で、なにかが考え、語るのである。だから彼は声を聴くわけである。したがってこの患者とショーペンハウアーとの違いは、こういうことになる。つまり、彼にとってはこのような見方がたんに自発的発生の段階どまりであったのに対し、ショーペンハウアーはこのような見方を抽象化し、普遍的な言語

1　メーダー『精神分析年鑑』第二巻、二〇九ページ以下。

2　私がまだチューリヒの精神病院の医師であったころ、一人のインテリ門外漢を案内して病室をまわったことがある。それまで彼は一度も精神病院を中から見たことはなかった。見学をおえたとき、感じ入ったように彼は言った。「これは、これは。まるでミニ・チューリヒ版といったところですね、こいつは。全市民の縮図だ。まるで、路上で毎日出会うあらゆるタイプを、もっとも古典的な見本に仕分けしてここに集めたみたいですね。ありとあらゆる深さと高さをそなえたピンからキリまでだ。」私はむしろんこのような側面から、この問題を眺めたことはなかったけれども、この男の感想は、かなりの程度まで的を射てはいた。

で表現したということである。そうすることによってショーペンハウアーは、この見方をその冥界的揺籃から集合的意識の明るい昼の光のなかへと持ち上げたのであった。ところで、この患者の見方が個人的性格、個人的価値を持つ、換言すれば、患者に所属するものである、とみなすのはまったく当を得ていないであろう。それならば、彼はれっきとした哲学者ということになるだろうからである。ところが、天才的な哲学者という存在は、原始的な、たんに自然的な幻想を抽象的な理念へと、意識的な共有財産へと高めるのに成功した人だけに限られる。このような業績があってはじめて、それがその人の個人的価値となり、自分のものだと認めることを許されるのである。これによって心的インフレーションにおちいることもない。一方、患者の見方は非個人的な、自然に生じた価値であり、これに対しては患者が身を抗しきれなかったわけで、それどころかそれに呑みこまれ、いっそう大きな世界疎遠へと「狂わされた」わけであった。この見方のまごうかたない大きさが患者を病的な拡大へとたきつけたのであり、彼はこの理念を掌握したり、それを哲学的世界観へと拡張することはなかった。個人的価値は哲学的業績にこそはあるけれども、原始的ヴィジョンにはない。哲学者にもこのような原始的ヴィジョンは、与えられている。それは普遍的な人類財産から生じるものであり、原則としてそれは各人が持ち前に与るものである。黄金のリンゴは同じ木になっている。それを拾い上げるのがただ、たとえば精神薄弱の錠前師徒弟か、ショーペンハウアーのような人かの違いである。

しかしこの例からわれわれが学ぶことは、まだまだある。すなわち、超個人的な心的内容は好き勝手にわが物にできるような、たんに無差別の死んだ素材ではない、ということである。これはむしろ、魅力的に意識に働きかける生きた実在物である。地位や称号との同一化は、誘惑的なものさえ持っている。だからこそ、あんなにもたくさんの男性がそもそも、社会から認められた自分の威厳以外の何物でもないということになるのである。この表面のうしろに一個の個人を見つけようとしても無駄であろう。この偉そうな外見のうしろには、せいぜい哀れな小人物が見つかるのが落ちであろう。だからこそ地位は（あるいはこのような外観がたとい何であろうと）、きわめて誘惑的なのである。けだし、これは個人的な欠陥にとって、てっとり早い補償に他ならないからである。

心的インフレーションをひき起こすのは、しかし職業とか肩書とかその他の社会的な役割といったような外面的に人を惹きつけるものばかりではない。こんなものは外部の社会にある、集合的意識のなかにある非個人的な因子にしかすぎないであろう。だが個体のむこうには社会があるように、われわれの個人的な心のむこうには集合的心《プシュヒェ》が存在する。すなわち集合的無意識がそれで、上の例が示すとおり、魅力的な因子をなかに隠しているのである。一方で自分の威厳によってとつぜん世の中に踊りこんでくる（「諸君、今や余が国王である《メッシュー・ア・プレザン・ジュ・シュイ・ロワ》」）人間もあれば、他方では、世界がまったく一変して見えるような強大なイメージの一つに思いもかけずに出くわして、とつぜんに世の中から姿を消す人間もある。この強大なイメージは、あの魔術的な「集合的表象《レプレゼンタシオン・コレクティヴ》」というもので、アメリカ人たちのいわゆる「スローガン」、すなわち標語や、最高段階においては、詩的および宗教的言語の根底にあるものである。詩人でもなければ、別にとりたてて何ということもないある精神病患者のことを私は思い出す。この患者はどちらかといえばおとなしい性格で、少し夢想的な傾向のある若者であった。一人の少女に惚れたのだが、よくあるように、相手が自分の愛情に応えてくれるかどうかはっきり確かめえないでいた。彼の原始的な「神秘的分有」はむぞうさに彼に、自分の感動はとうぜん他者の感動でもあると思いこませた。人間心理の比較的深い段階においてはこれはありふれたことである。こうして彼は夢想的な愛の幻想を築き上げたのだが、相手の少女が彼のことをぜんぜん問題にしていないことを発見したとき、たちまちにしてこの幻想は崩れさった。絶望した彼は、身を投げようとまっすぐ河に向った。夜も更けていた。見ると、暗い水面から星がきらきら輝いていた。彼にはまるで星が対になって河を泳ぎながら下ってゆくかのように思われた。そしてある不思議な感情に彼はとらえられた。自殺しようという気持も忘れ、その奇妙な、甘美な光景にうっとり見入った。次第次第に彼にはわかってきた。星の一つ一つが顔であることが。これらの対が恋人同士であり、抱き合いながら夢を見つつ通りすぎてゆくのだということが。ぼんやりと彼には、ごく新しい認識が生れてきた。つまり、すべてのものが流転してしまったのだ。彼の運命も、彼の幻滅も、彼の愛情も彼から離れ落ちてしまった。少女に対する想い出も遠くなり、どうでもよくなった。その代りに——彼はそうはっきりと感じたのである——巨額の富が約束されているのだ。彼にはちゃんとわかっていた。自分のための莫大な財宝が近くの天文台に隠されているということが。こうして明け方の四時に天文台に押し入ろうとしているところを警察に捕えられることになってしまったのである。

この男性にどのようなことが生じたというのだろう。哀れなこの男はダンテ風のイメージを目の当りにしたのである。このイメージの美しさは、詩句に表現されたくらいでは、おそらくこの男はつかみえなかったにちがいない。が、このイメージを実際に男は見て、イメージが男を変えたのだ。最大の苦痛であったものが、今では遠い彼方にしかなかった。この苦労のたえぬ地球のはるか遠方に静かな軌道を描いている星々の新たな、思いも寄らぬ世界が、「冥府の女王プロセルピナの世界の入口」に足を踏み入れた瞬間に、彼に出現したのであった。とてつもない富を所有している予感が――心の奥にひそむこのような考えを誰が理解しえないことがあろうか――啓示のように彼にひらめいた。この男のお堅い頭脳には、荷が重すぎた。彼は河ではおぼれずに、永遠のイメージのなかでおぼれた。そのイメージの美もそれとともに消滅してしまった。

片や社会的地位のなかで消尽し周囲から消えてゆく人がいるように、一方で内的幻覚のなかで消尽し、それとともに自分の周囲から消失してしまう人がいる。はたからは理解しがたい多くの人格の変貌、たとえばとつぜんの改心であるとかその他徹底的な心境の変化などは、集合的イメージの惹きつける力にもとづく。(1) 上の例が示すとおり、この集合的イメージこそは高度のインフレーションを生ぜしめうるものであり、その結果、人格がそもそも解体してしまう。かかる人格解体こそ精

1　これについては拙著『心理学的類型』五九六ページ以下の説明を参照。レオン・ドーデはその著『遺伝性梅毒患者《レード》』においてこの現象を「精神的自家受精《オートフエコンダシオン・アンテリエール》」と名付け、先祖の霊魂の再生というふうに解している。

神病である。一過性のものであるか、持続性のものであるかのいずれかで、「心の分裂」あるいは「精神分裂症《シゾフレニイ》」（ブロイラー）と呼ばれる。(1) 病的インフレーションはむろん、集合的＝無意識的諸内容の自律性に相対する個人のたいてい持って生まれた弱さにもとづいている。

　おそらくこういうふうに考えれば、真実にいちばん近いと思われる。すなわち、われわれの意識的で個人的な心は、それ自体は無意識的であるところの遺伝的な、普遍的なある精神素因という広大な基盤の上にあるわけであり、またわれわれの個人的な心と集合的な心との関係は、ほぼ個人と社会とのあいだの関係に匹敵するということである。

　しかし個人がただ唯一無二で孤立した存在のみではなく、社会的存在でもあるのとまったく同じように、人間精神も個々の、まったく個別的現象ばかりではなく、また集合的現象でもあるのである。さらに、ある種の社会的機能なり欲動なりが個々の個人の利害と対立するように、人間精神も、その集合的性格のゆえに個人的欲求と対立するようなある種の機能なり欲動を持っているのである。このような事実のいわれはどこにあるのだろうか。それは、どんな人間も高度に分化した頭脳を生れつき持っていて、その頭脳が豊かな精神的機能の可能性を各人に与えるわけだが、そのような機能を人間は決して個体発生的に獲得したわけでもなければ、発展させたわけでもないからである。人間の頭脳が一様に分化しているのと同じ程度に、頭脳によって可能となった精神的機能もまた集合的であり普遍的である。このような事情から、きわめてかけ離れた民族や人種同士の無意識が実におどろくべきほど符合するという事実も説明がつく。原住民たちの神話の形式やモチーフが瓜二つといっていいほど酷似しているというすでにあちこちで指摘された事実にとりわけ、この無意識の符合ということは示されている。人間の頭脳が世界的に似通っているからこそ、似たような精神機能が世界中に見受けられるという可能性が生れてくる。この機能が集合的な心に他ならぬ。民族あるいは種族、それどころか家族に照応した分化がある限り、「世界普遍的」な集合的心の水準を越えた、人種もしくは種族、あるいは家族に限定された集合的な心も存在する。P・ジャネ(2)の言を借りるならば、集合的な心は心的諸機能の「劣等部分《パルティ・ザンフエリエール》」を含んでいる。つまりこれは、個人の心のうちのしっかりと基礎づけられた、いわば自動的に作用する、遺伝的な、到るところに存在する、すなわち超個人的な、非個人的な部分のことなのである。意識と個人的無意識は、心的諸機能の「優等部分《パルティ・シュペリエール》」を含む。つまり、個体発生的に獲得され、発展させられた部分のことである。したがって個人は、自分に先験的《ア・プリオリ》にかつ無意識のうちに与えられている集合的心を自分の個体発生的に獲得された資産にまるで自分の一部であるかのように組み込むことになる。そうすることによって人格の容量を拡大することになる。これは不当なことであって、それ相応の結果を招来する。すなわち集合的な心が心的諸機能の「劣等部分」であり、それとともに各人格の基盤として人格に従属したものである限り、集合的な心は人格に重荷を負わせ、その価値を下げる。このことは、インフ

1 『デメンチア・プラエコックス、精神分裂症各群』(一九一一年)
2 P・ジャネ『神経症患者《ネヴローズ》』一九〇九年。

レーション、つまりあの自己感情の抑制か、もしくは病的な権力への意志に通じる自己強調のあの無意識的たかまりに現われる。

分析は個人的無意識を意識化する。それによって個人には、いろいろなものが意識されることになるが、これらは実は他の人々にはふつうすでに意識されていたのに、当人だけにはまだ意識されていなかっただけのことである。したがって認識によって、その個人は唯一性を弱める。つまり、より集合的になる。この集合的になるということは、なにも悪い面に限られたことではなく、時にはいい面のこともある。つまり、自分のいい特性を抑圧して、幼児的願望に意識的に全面的にふりまわされているような人々もいる。個人的抑圧の排除は、はじめは純粋に個人的な内容を意識の領域に移す。しかし、個人的な内容にはすでに無意識の集合的諸要素も付着しているのである。一般に広く存在している欲動、素質、理念（イメージ）がそれであり、また、あの「統計的」に各自が部分的に持ち合わせている平均的な美徳と平均的な悪習の一切もそれである。よくいわれるように、「どんな人間も自己のなかに、天才と聖者の要素を持っている」のである。こうして最後には、世間という白黒の板の上を動きまわるほとんど一切のものを含む生きたイメージが成立する。つまり、善も悪も、美も醜も含むイメージが。このようにして、徐々に多くの人々にきわめてよしとされる、世間との類似性が準備されてゆく。この類似性は、場合によっては、神経症治療において決定的な因子を意味することもあるのである。このような状態のなかで生れてはじめて愛情をよびさまし、みずから愛情を感じるのに成功したケース、あるいはまた、先の見通しも立たないのに敢えて飛び込んでいって、その捨身が幸いしてうまい巡り合わせに恵まれたケースのいくつかを私は見てきた。このような状態を最終的なものとみなして、長年にわたって仕事熱心な一種の心的爽快を保ちつづけたケースも少なからず見てきた。むろん、そのようなケースも分析治療の成果だと賞める声もいろいろ聞いてきた。しかし私としては、このような心的爽快や仕事熱心な人々に照応するケースは、世間とどうもうまくそりが合わないことに悩んでいて、誰が見てもほんとうには治っているとは思えない、と言わざるをえない。これらのケースは、半分は治癒しているが、半分は治癒していないのだ、というのが私の考えである。すなわち、このような患者の追跡調査をしたことがあるけれども、実を言えば、患者たちはしばしば不適応の症状を示すのである。彼らがこの線にこだわりつづけていると、次第次第に、あらゆる「自我離脱者」に特徴的である、かの空虚・単調が生じるのであった。むろんここで私が取り上げているのは、またもや極端な例なのであって、取り立てるほどのこともない、正常な、平均的な人たちのことではない。平均的な人々の適応の問題は、取り扱いのむずかしいものではなく、むしろ技術上の性質のものである。もし私が研究者というよりも治療者であるならば、むろん一種のいわば楽天的判断というものを押さえることはできないであろう。なんとなれば、治療者であったとしたら私の視線は、いきおい治癒者の数にこだわるだろうからである。しかし私の研究者としての良心は、数には見向きもしない。人間の質に目が行くのである。自然というものは、まさしく貴族的である。価値ある人間は十人の凡夫に匹敵する。価値ある人たちを私の視線は追う。彼らを見て私は、まったく個人的な分析の結果の持つあいまいさを、加えてこのあいまいさの理由を理解することをも学んだのであった。

　もしわれわれが無意識を同化することによって、集合的な心を誤って、個人的な心理機能の財産目録のなかに組み入れたりすると、人格の対立的両極への分解なるものが生じてくる。すでに述べた、まさにノイローゼにおいてきわめて明確に見られる対立的両極の誇大妄想——劣等感情のほかにも、まだたくさんの対立的両極の組合せがある。そのなかからとくに倫理的な対立的組合せをひとつ取り出してみたい。つまり、善と悪である。集合的な心には、人間の独自の美徳と悪徳とが他のすべてのものと同じように含まれている。さて、ある人は集合的な美徳を個人的功績のせいにし、ある人は集合的な悪徳を個人の罪に帰してしまう。が、両者ともども誇大と劣等と同じように錯覚である。なぜならば、空想上の美徳も、空想上の悪徳も、集合的な心のなかで保ちつづけられて感じられるようになった、あるいは人工的に意識化された道徳的な対立組合せにすぎないからである。この対立的組合せが集合的な心のなかにどの程度含まれているかは、未開民族の実例が示してくれる。未開人たちを観察してその徳がきわめて高いのを賞める者もあるかと思えば、一方ではその同じ種族についてきわめて悪い印象を受けたと報告する者もいる。個人の分化というものが周知の通りごく初期段階にある未開人にとっては、両方とも真実なのである。なぜなら、未開人の心は本質的に集合的であって、それゆえ大部分は無意識的だからである。未開人はまだ多かれ少なかれ集合的な心と一体をなしており、したがって、個人的に組み入れたりすることもなければ、内面的な矛盾に悩むこともなく、集合的な美徳と悪徳を持っているわけである。心の個人的発展が生じ、その際に理性が対立物の相容れない性格を認めるようになってはじめて、矛盾が持ち上ってくる。このような認識の帰結は抑圧闘争である。人は善良であろうとし、だから悪を抑圧せざるをえぬ。それとともに集合的な心の楽園も結末を迎える。集合的な心の抑圧は、要するに個性の発達のもたらす一個の必然であった。未開人における個性の発達、あるいはもっと適切ないい方をすれば、個人というものの発達は、魔術的威信の問題である。禁厭師《まじないし》とかあるいは酋長といった人物は指導的存在である。両者ともに、身につける装飾品や暮らしぶりの独自性、つまり自分たちの役割の表現の特異性によって他から抜きん出ている。外的なしるしの特殊性によって個体の境界設定がつくり上げられる。かつ、特別な祭礼上の秘密を持つことによって、特殊性はさらに一層強く強調される。このような、そしてこれに似たような手段を用いて未開人は、自分のまわりに覆いをつくり出す。これはペルソナ（仮面）と名付けることができる。未開人の社会では、たとえばトーテム祝祭のときに人物の格上げや変身に役立つ実際の仮面のあることはよく知られている。仮面をつけることによって、卓越した個人は集合的な心の層から遠ざかるように見えるわけであり、その人物がペルソナと同一化することに成功する度合に応じて、実際に遠ざかるのである。この隔たりということこそ、魔術的威信を意味するものに他ならない。権力への意図がかかる発展の動因だと主張することも、むろん容易かもしれぬ。しかしその場合、次の事実がまったく忘れさられていることになる。つまり、威信形成はつねに集合的な妥協の産物であるという事実、すなわち、一方で威信を持ちたいと欲する人物が一人いると同時に、威信を与えることのできるような人物を探し求める一般大衆が存在するという事実である。したがってこのような事情があるのに、たんに個人的な権力欲から威信をつくり上げるのだと説明するのは当をえてはいないであろう。むしろこれは、あくまでも集合的な問題なのである。集団が全体として、魔術的な力を発揮しうる人物を持ちたいという欲求を持っているので、一個人の権力欲とその他大勢の服従欲というこの欲求を一つの媒介物として使用し、それによって個人的威信の実現をひきおこすことになる。この後者、つまり多数の服従欲は、政治的黎明期の歴史が物語るように、諸民族の共同生活にとってきわめて重要な意味を有する現象である。

個人的威信の重要性は、あまり過大評価できない。なぜなら集合的な心のなかに退行的に溶解する可能性は危険を意味するからである。卓越した個人にとってばかりではなく、その個人に従う集団にとっても危険なのである。しかし、そのような可能性が生じるのは早くても、威信の目的が達成されたとき、すなわち広く他に認められたときである。他に認められることによって、その人物は集合的な真理となってしまう。これは物事の常として、終焉の始まりである。すなわち、威信をつくり出すことは、卓越せる個人にとってばかりではなく、その一族にとってもまたプラスの業績である。一人は自分の行為によって衆に抜きん出るし、それ以外の多数は権力を断念することによって前者と一線を画す。この態勢が外敵の影響に抗してかち取られ、維持されてゆかねばならない限り、威信を得るという仕事はプラスである。ところが、もはや障害がなくなり、普遍妥当性が獲得されてしまうと、その威信もプラスの価値を失い、ふつうは無用の長物と化してしまう。そうなると離反の動きが生じ、この過程がふたたび最初から始まることになる。

この個人は共同社会の生活にとってきわめて重要であるため、この個人の発展の邪魔になるかもしれぬものはすべて、危険なものと感じられる。最大の危険は何といっても、集合的心《プシュヒェ》が崩壊することによって威信が早目に腰くだけになってしまうことであろう。絶対の秘密厳守は、このような危険の封じ込めのための最もよく知られた原始的な手段の一つである。集合的な思考や感情、集合的な仕事は、個人的な機能や仕事に較べれば、比較的に楽である。だからこそ、個性的分化のかわりに集合的機能を登場させようとする誘惑はたえずきわめて大きい。分化され抜きん出て、魔術的な威信によって保護されていた個性が浅薄化し、結局は集合的心《プシュヒェ》のなかに埋没してしまうことによって（使徒ペテロの否定）、個人の場合には「精神の喪失」が生じる。すなわち、重要な仕事がなされないか、あるいは取り消されてしまったからである。したがってタブー打破には厳罰が課せられるが、これはかかる事態の重大性にまったく見合ったことである。このような事柄をただたんに因果的に歴史的遺物であるとか、近親相姦タブー(1)の転移であると片付けるようでは、これらの措置がなぜいいとされるか、決して理解はできない。だが、目的論的な立場からこの問題を把握すれば、今までわからなかったことがいろいろと判明するであろう。

したがって個性の発達にとっては、集合的心《プシュヒェ》と厳格に峻別することが絶対の必要条件である。な

1　フロイト『トーテムとタブー』。

ぜなら、少しでもこの区別があやふやになると、その結果、たちまちにして個人が集合的なもののなかに溶解してしまうからである。さて、無意識の分析において、集合的な心《プシュヒェ》と個人的な心《プシュヒェ》とが区別できなくなってしまう危険が存在する。これは、さきに示唆した、歓迎すべからざるもろもろの結果を招く。これらの結果は生活感情にとって有害であるか、もしくは患者が自分の周囲になんらかの影響力を有する場合には、患者の周囲の人々にとって有害である。すなわち、集合的心《プシュヒェ》と一体化することによって、患者はまちがいなく自分の無意識の諸要求を他の人々に押しつけるように試みるであろう。なぜなら集合的心《プシュヒェ》との一体化は当然、普遍妥当性（「神との類似性」）の感情をおのずと伴うものであって、この普遍的に妥当するということは、仲間のそれぞれに異なる個人的な心などまったく物の数としない（普遍妥当という感情はむろん集合的心《プシュヒェ》の普遍性に由来する）。集合的な態度は、当然のことながら他者にあっても同じ集合的心《プシュヒェ》を前提とする。これはしかし、個人差の乱暴な無視、また集合的心《プシュヒェ》のなかにさえあるもっと一般的なものの差、たとえば人種差といったものの乱暴な無視を意味する。[1] 個人的なもののこのような無視は、むろん個人的存在の窒息死を意味する。これによって一共同体のなかの差異という要素は根絶してしまう。差異という要素こそは個人に他ならない。すべての最高の徳ある業績も、最大の悪行も、いずれも個人的なものである。一つの共同体が大きければ大きいほど、また、それぞれの大きな共同体に固有な集合的因子の総和が個人の不利になるように保守的偏見に支えられている度合が多ければ多いほど、それだけ個人は道徳的に、精神的に否定され、それとともに社会の倫理的ならびに精神的な進歩の唯一の源泉ももとを止められてしまう。栄えるのは当然のことながら、社会的なもの、個々人における一切の集合的なものに限られる。いっぽう個々人における個性的なものは、没落の、つまり抑圧の浮き目にあう。こうして個性的なるものは無意識の領域に入るのであり、無意識界において規定にしたがって、原則的に悪なるものへ、破壊的でアナーキー的なものへと変身する。かかる悪は、限られた個々の、予言的才能のある個人において、とんでもないような犯行（国王殺害などといったような）によって社会的に発覚することもあるけれども、その他の場合には背後に押しやられてしまい、避けがたい社会の道徳的低下といったものにおいて間接的にしかそれとわからないのである。いずれにせよ、一個の全体的存在としての一社会の道徳性がその社会の大きさに反比例することは、明らかな事実

1　したがって、もしわれわれがユダヤ心理学の成果を普遍妥当的だと考えるならば、それはまったく許されざる誤りである。中国なりインドの心理学をわれわれにとって拘束力あるものとみなすことなど、だれ一人として思いも寄らぬことであろう。このような批判を加えたがために私に寄せられたユダヤ人排斥主義という安直な非難も、反中国主義のレッテルを私に張ったのと同様、無知といわざるをえぬ。たしかに心の発達の比較的初期の低い段階では、アーリア人やユダヤ人、ハム人、モンゴール人の心理の差異を見つけ出すことは不可能で、すべての人種は共通した集合的な心を持っているかもしれない。しかし、人種差が始まるとともに、集合的な心のなかにも本質的差異が生じてくる。このような理由から、他の諸人種の精神をそっくりそのままわれわれの心理に移すと、必ずやわれわれの心理を感覚面で損ねてしまう。それでも結構、たくさんの本能的に弱い性質の人々は性こりもなく、インド哲学などなどを伴《いつわ》ったりする。

である。なぜなら個人がそれだけ多く結集すればするほど、個人的因子はますます消されるわけであり、それとともに、個人の倫理感と、そのために不可欠な自由とに全的にもとづいている倫理性も消されることになってゆくからである。したがって個々人は、社会のなかに身を置いていると、無意識的にはある意味では自分で思っている以上に悪い人間なのである。なぜなら個々人は社会に担われており、その分だけ自分の個人的責任から解放されているからである。立派な人間ばかりが集まった大きなグループが、道徳と知性の点にかけては、愚かで乱暴な大きな動物に似ていることがある。すなわち組織が大きくなればなるほど、その組織の不道徳やばかさ加減は避けがたくなってくる(元老院議員は良徳の士なれど、元老院は野獣なり《セナートゥス・ベスティア・セナトーレス・ボニ・ヴィリ》)。ところで社会が個々の代理人のなかですでに自動的に集合的な質を強調するならば、それによって社会はすべての凡庸性を、安易に無責任にのんべんだらりと暮らしてゆくすべてのものを奨励していることになる。個性が壁ぎわに押しやられてしまうのは避けがたい。このような過程は学校にはじまって、大学でも継続し、国家がタッチしている一切のものを支配している。社会の図体が小さいほど、社会成員の個性は保証され、相対的な自由も大きくなり、それとともに意識的な責任の可能性も大きくなる。自由なくして、倫理性はありえない。大きな組織体に対するわれわれの感嘆も、このような奇蹟の裏側、つまり人間のなかにある一切の原始的なものの途方もない堆積と強調、どんな大きな組織体も所詮はそうであるところのこの怪物の利益のための人間の個性の避けられざる抹殺、そういうものにわれわれが気付いてしまうと、消えてしまう。今日の人間で倫理的な集団理念に多少とも対応するところのある人は、隠しだてをしてきたのであって、これはその人の無意識を分析すれば容易に証明されうることである。その人自身はそれに少しも邪魔だてされていなくとも、そうなのである。その人がノーマルに周囲の環境に「適合して[1]」いる限り、その人の属する社会のどんな蛮行といえども、その人を妨害することはないであろう。ただその人の仲間の大多数が自分たちの共同体組織の高い倫理性を信じている限りにおいてである。さて、個人に対して及ぼす社会の影響についてここで私が語ったのと同じことが、個人的な心に対して及ぼす集合的無意識の影響についてもそっくりあてはまる。しかし私の示したいくつかの例からわかるとおり、心に及ぼす影響の方は、前の場合の影響が目で見ることができるのとは逆に、目には見えない性質のものである。だから、内的な作用が理解できなくて、そのようなことが生じている人々のことを、気狂い呼ばわりとまでゆかなくとも、病的な変人扱いをしてもなんの不思議もない。もしそれがたまたまほんとうの天才であったならば、ようやく次か、次の次の世代がそのことに気付くであろう。ある人間が自分の威厳に溺れてしまうのは、われわれにとって自明のことのように思われるように、多数の人々が欲することとはちがったことを探し求め、そのちがったことのなかに絶えず埋没してしまうような人間は、まったくわれわれには理解しがたく思われる。両方のタイプの人間にユーモアというものを望みたい。ユーモアこそは、ショーペンハウアーにならって言えば、人間の持っている真に「神的な」特性であり、これのみが

1　適合と順応。『心理学的類型』四八〇ページ参照。

人間の魂を自由の状態に維持することを可能ならしめるのである。

無意識の分析によって活動していると認められた集合的な欲動、人間の思考や感情の基本形式は、意識的な個性にとっての獲得物であるが、個性はこの獲得物を取り上げるにあたって重大な支障をこうむらないではいられない。それゆえ、実際の治療にあたっては個性が傷つかぬようにたえず気にかけておくことはきわめて重要な意味を持つ。つまり、集合的な心が個体の個人的付属品としてとらえられるならば、それは個人を歪曲し苦しめることを意味し、処理がたいへん困難である。したがって個人的な心の内容と集合的な心の内容とをはっきり区別するということが焦眉の急である。この区別はしかしそれほど容易ではない。けだし、個人的なものは集合的な心から成長してきたのであり、これとわかちがたく結びついているからである。だから、どの内容が集合的で、どれが個人的かなどと片付けるのはむずかしい。たとえば、幻想や夢でよくお目にかかる古代的な象徴が集合的な因子であることは疑いをいれない。思考や感情のすべての基本的欲動や基本形態は集合的である。これは普遍的だと人々の意見の一致を見ているものは、すべて集合的である。また一般的に広く理解され、存在し、言われ、なされるものも、すべて集合的である。よくよく眺めるならば、われわれのいわゆる個人的と称している心理学においてかなりのものがもともと集合的であることが判明し、くりかえし驚かされる。個性的なものが、その背後にまったく隠れてしまうほど、その数はおびただしい。しかし個性化(1)はまったく避けられない心理学的要求であるので、集合的なものの優勢であることを見れば、この華奢《きゃしゃ》な植物ともいうべき「個性」に特別な注意を払ってやって、個性が集合的なものによって完全に窒息してしまうことのないようにしなければならぬことが、察知できよう。

人間は集合的意図にとってはきわめて役に立ち、個性化にとっては有害きわまりない能力を持っている。その能力とは、模倣である。共同体心理学は模倣なしではお手上げである。模倣なしでは、大衆の組織化も、国家も、社会秩序もまったく不可能だからである。というのも、社会秩序をつくるのは法律ではなく、模倣なのであるから。なおこの模倣なる概念には、被暗示性、暗示、精神的伝播も含まれている。ところがわれわれは毎日、個人的な差異化の目的のために模倣という機制《メカニズム》が利用される、というよりむしろ、誤用されるさまを見ている。つまりこの目的のため、あっさりと卓越した人物を模倣したり、稀なる特性だとか行為を真似たりする。たしかにそうすることによって、表面的にはすぐ近くの周囲とのちがいは出てくる。その罰として――というふうにいいたいのだが――それにもかかわらず消えてしまわない、周囲の精神との類似は、周囲に対する無意識的な強迫的な固着へと高まる。普通は、模倣によるところの偽の個別的差異化の試みはポーズで終ってしまう。そして本人の置かれている段階は、以前にいた段階となんら変りばえがしない。以前より

1 『心理学的類型』六三七ページ参照。「個性化とは、個別的人格の発達を目標とする差異化過程である」――「個体は個別的存在であるのみならず、その生存のためには集合的関係をも前提とするので、個性化の過程も孤立化へと至るものではなく、より集中的で、より普遍的な集合的連関へと至るのである。」

も少し空虚になっているのが関の山である。われわれのなかの何がもともと個性的なのかを発見するためには、徹底した熟考が必要である。そして急にわれわれは、個性の発見がいかにひどくむずかしいかに気が付くであろう。

第三章　集合的心《プシュヒェ》の一部としてのペルソナ

この章でわれわれは、もしそれが看過されるならば大混乱をひきおこしかねない問題に到達することになる。個人的無意識の分析によってまず個人的内容が意識の側に組み入れられるということを私はさきほど述べ、抑圧されているけれども意識化可能な無意識部分を個人的無意識と名付けるよう提案した。それからさらに、集合的無意識と呼ぶように勧めたい無意識のもっと深い層が付け加わることによって人格の拡大が生じ、心的インフレーションの状態になることを示した。この心的インフレーション状態は、分析の仕事を要するに続けてゆくことにより作り上げることができるのである。さきほど私が挙げた例がそうであった。分析を継続することによって、われわれは様々の非個人的な、普遍的な人類の基本特性を個人的意識に付け加える。そうすることによってまさしく前述の心的インフレーションが招来されるのである。これはいわば意識化の歓迎すべからざる結果とみなしうるであろう(1)。意識的な個人は、集合的心《プシュヒェ》のいずれにしろ任意の一部分である。

意識的個人は個人的とみなされる心理的諸事実のトータルから成る。付加語の「個人的」という語は、他ならぬこの一定の人物にもっぱら属しているということを表わす。たんに個人的にしかすぎない意識は、一種の不安をもってその内容に関する所有権と著作権を強調し、それによって一つの総体をつくり上げようとする。この総体にうまく当てはまろうとしない内容は、見過ごされ、忘れられるか、それとも抑圧され、否定されるかである。これも一種の自己教育ではあるが、あまりにも恣意的な、あまりにも乱暴な教育である。自分をそう創り上げたいと思っている理想像のために、普通の人間的なものがあまりにもたくさん犠牲にされてしまわざるをえない。だからそのような「個人的な」人々はつねに傷つきやすくもある。なぜなら、彼らの真の（「個性的な」）性格の歓迎すべからざる部分を彼らに意識させるようなことが、ともすれば起こりがちだからである。

この、しばしば苦心の末にでき上った集合的な心の部分を、私はペルソナと命名した。ペルソナという語はこれにうってつけの表現である。なぜならペルソナはもともと役者がかぶった仮面で、役者の演じた役を表わすものであったからである。何が個人的な心の部分か、何が非個人的な心の部分か、正確に区別しようとする大それた企てに近づくとき、すぐにわれわれはほとほと困りはててしまう。なぜなら、個人の内容についても結局のところ、集合的無意識について述べたこと、すなわちそれは普遍的であるということをいわざるをえないからである。ただペルソナが多少とも偶然的な、というか任意の集合的な心の部分であるという事情から、ペルソナを全体において何か「個性的なもの」とみなす危険におちいることがある。しかし、その名の示すとおり、ペルソナは集合的な心の仮面にしかすぎない。個性というものがあるかのように見せかける仮面なのである。

1　意識の拡大化の結果生じるこのような現象は、決して分析治療に特有なものではない。かかる現象は、人間が知識なり認識なりに圧倒されるような場合、どんなところでも生じる。「知識は膨張させる」と使徒パウロはコリント人たちにあててしたためている。なぜなら新しい認識が、いつもきまってそうなのだが、何人かの人たちを気もそぞろにしてしまったからである。心的インフレーションは認識の種類とは無関係である。関係があるのは、ただ、新しい認識が弱い頭脳をいっぱいにしてしまい、それ以外のものは何一つ見えもしなければ聞こえもしないという事実だけである。新しい認識に催眠をかけられ、まさしく世界の謎の解決を発見したのだと信じこんでしまう。これは出しゃばりと同じ意味である。この過程はきわめて一般的な反応であって、すでに創世記の第二章十七節で、認識の樹を食べたことは死に至る人間堕落だとされている。少しばかりの意識の増大がいくばくかの出しゃばりを結果し、なぜきわめて危険なものとなるのか、むろん直接的には人間にはわからないであろう。創世記は意識化をいわばタブー破壊だとしており、認識によって神聖にして犯すべからざる境界が不届きにも踏みこえられたのだというわけである。より大きな意識に至るどんな一歩も一種のプロメテウス的罪である限り、創世記は正しいと私は思う。認識によっていわば神々のところからの火の掠奪がおこなわれるわけで、つまり、これまで無意識の力の所有物であったものが、この自然的な連関から引き抜かれ、意識の勝手な支配を受けるわけである。新しい認識を簒奪した人間は、意識が変革するか拡大されることとなり、それによってその人間の意識は仲間の意識とは似ていないものとなる。その人はそれまで人間的であったものの域をこえてしまった（「神のようになる」）のだが、それとともに人間から遠ざかってもしまったのである。この孤独の苦しみは神々の復讐である。彼はもはや人間に立ちもどることはできない。神話が語るように、彼は人里離れたコーカサスの岩穴につながれてしまったのである。神々や人間に見捨てられて。

つまり、仮面は他の人々や本人自身をして、その人間が個性的なのだと信じこませるのだが、実際のところは、集合的な心が扮する演じられた役にしかすぎない。

かりにわれわれがペルソナを分析する場合、仮面をとってみると、個性的であると思われていたものがほんとうは集合的であるということを、換言すれば、ペルソナは集合的な心の仮面にしかすぎないことをわれわれは発見するであろう。結局、ペルソナは「現実的なもの」ではないのである。ペルソナは、「一個の人間が表面的にどう見えるか」ということについての、個体と社会とのあいだの妥協の一所産である。それはある名前を名乗ったり、称号を得たり、地位を表わしたり、あれやこれやであったりする。こういったものは、むろんある意味で現実ではある。しかし当該者の個性との関連においては、第二次的な現実のようなものであり、たんなる妥協物でしかない。当人よりもしばしば他人のほうの関与の仕方が多かったりすることもある。ペルソナは見かけなのである。冗談半分でいえば、二次元的な現実とでもいえようか。

全体の事情をこの程度の説明で打ち切ってしまって、ペルソナの独自な選択・決定にすでに個性的なものがひそんでいることを片方で認めないのは、片手落ちというものであろう。そしてまた、自我意識とペルソナがもっぱら同一性を持っているにもかかわらず、無意識的な自己、本来的な個性がつねに存在すること、直接的でなくとも間接的にもその存在を気付かせることを認めるべきであろう。自我意識はまずペルソナと、つまり、個人が集団の前にそれとして表われるところの、その限りにおいて一個の役を演じているところの、あの妥協物と同一であるけれども、無意識的自己は人の目に立たないほど抑圧されているわけでは決してない。無意識的自己の影響は、まず無意識の対照的で補償的な特殊な諸内容に現われている。意識の純粋に個人的な態度は、無意識の側からの諸反応をひき起こすが、それらの反応には個人的抑圧とならんで、集合的な幻想のヴェールの下に個性発展の萌芽も含まれている。個人的無意識の分析を通して、集合的な素材が個性的なものの要素と同時に、意識に供給される。このような結論が、私の見解や私の技法になじまない人にはほとんど理解できないといってもいいくらいのものであること、とくに無意識というものをフロイト理論の視点から眺めるのに慣れている人にはまったく不可解だということを私は承知している。しかしながら、読者が私のさきに挙げた哲学科の女子学生の例を思い出してくださるなら、あの実例の助けを借りて、私がこのような定式で何を言わんとしているか、おおよその見当はつけていただけるであろう。あの女性患者は、治療のはじめの頃、自分の父親との関係が父親固着であるという事実を知らなかったし、だからこそ父親に似た男性を探したのだが、見つけた相手に対して彼女の知性でもって接したという事実を意識していなかった。知性をふりかざしたこと自体は誤りではあるまい。もし彼女の知性が、インテリ女性に残念ながら往々にして見受けられがちな性格である、独特な抗議的性格を持っていなかったならば、誤りではあるまい。そのような知性は、つねに他人のあら探しをし、不愉快なくらいに個人的な付属音をまじえつつ、ひどく批判的であり、そのくせ客観的だと思われようとする。これはきまって男性たちの機嫌を損ずるのであって、よくあるようにこの批判が、ふつうなら意見のやりとりが実りあるようにという配慮から触れるのを避けるはずの弱点をついているような場合は、とくにそうである。しかしこれこそは女性の知性の特長である。女性の知性は、不幸なことに話し合いの効能などというものよりも弱点を求めるもので、そこにくらいついて、そして男性をいらいらさせることになる。別にこれは意識的意図というよりも、むしろ男性を優位に無理に押しやり、このようにして男性を崇拝すべき存在としようとする無意識的な意向なのである。男性の側では通常は、自分がヒーローの役に追い込まれることになるのに気が付かず、この「あてこすり」を不快に感じ、あげくの果てに男性はさきざきこの女性との出会いを避けがちになる。とどのつまりは、この女性には最初から自分の主張を強く出さない、それゆえに崇拝の的とはならない男性のみしか残らない。

この辺のことについては、むろん私の女性患者にとっても考えてみることがきわめて多かった。というのも、このようなプロセス全体について彼女は何も知らなかったからである。加えて彼女はさらに、父親と彼女とのあいだに子供の時から演じられた形通りの話も認識しなければならなかった。彼女はすでに幼少期に父親の母親にそっぽを向いた影の部分と無意識のうちに理解し相通じるようになっていた。それによって——年に似合わず——母親のライヴァルとなっていたのだが、これについて私がこと細かに述べ立てるのは行き過ぎというものであろう。すべてこれらのことは、個人的無意識の分析の内容であった。職業上の理由からして、いらだつことは禁物なので、やむをえず私がヒーローとなり父親兼恋人となったのであった。この転移もはじめは、個人的な無意識の内容であった。私のヒーロー役はたんなる見せかけであった。そして、私がそれによってたんなる幻影となったと同じように、彼女も自分の伝統的な役割を演じたのであった。賢すぎる、きわめて大人の、すべてを理解できる母親兼娘兼恋人の役である。それはたんなる役割で、つまりペルソナで、その背後に彼女のほんとうの本来的な本性が、彼女の個性的な自己がまだ隠されていたのであった。そう、彼女がさしあたって自分の役割と同一である限りは、彼女は自分自身のことについては無意識的であったわけである。まだ相変らず幼児的世界の霧のなかに閉ざされていて、本来的な世界をまだまったく発見していなかった。しかし、分析が進行することによって彼女の転移の性質が彼女に意識されてゆくにつれ、第一章で述べたような夢が現われてきたのである。あれらの夢は集合的無意識の諸断片をもたらした。それとともに彼女の幼児的世界は消失し、それとともにヒーロー芝居も終ったのである。彼女は自分自身に、彼女独自のほんとうの可能性に至ることになったわけである。十分にたっぷり分析のおこなわれる大部分のケースにおいては、およそこのように事が運ぶのが通例である。彼女の個性化の意識と、太古の神のイメージの再生化とがちょうど時を同じうするのは、決してたんにそれぞれ無関係の偶然の暗合などではなく、私見によればいわば無意識の合法性に照応するような、きわめて頻繁に見られる事象である。

話がわきにそれたので、本題にもどることにしよう。

個人的抑圧が排除されると、互いに混じり合った形で、個性と集合的な心とが登場し、それまで抑圧されていた個人的な幻想の代りをつとめる。これから現われる幻想や夢は、様相を少々異にする。集合的なイメージのまぎれもない特徴は、「宇宙的なもの」であるらしい。つまり、夢のイメージや幻想のイメージが宇宙的な諸性質に関連しているのである。たとえば、時間的・空間的無限性、運動の巨大なスピードと拡がり、「占星術」的連関、地球や月や太陽とのアナロジー、明らかな肉体上のプロポーションの変化などなどである。また夢のなかに神話や宗教のモティーフが明瞭に用いられることも、集合的無意識の活動を示唆している。集合的な要素は、非常にしばしば独特な徴候を通じて現われる。(1) たとえば次のような夢を通じてである。彗星のように宇宙を飛ぶ夢。自分が地球や、太陽や、星になっている夢。異様に大きくなったり、小人のように小さくなっている夢。死んでしまっている夢。見知らぬ土地にいて、淋しかったり、困ったり、狂ってしまったりしている夢、などなど。同じように、方位喪失感、目まい感覚などといったものも現われるが、インフレーションの徴候といっしょである。

集合的な心の持つ可能性がおびただしいことは、人を困惑させ、眩惑する。すなわち、ペルソナの解消とともに、意のままにならない幻想が猛威をふるう。これは見たところ、集合的な心の特有な活動以外の何物でもなさそうである。この活動によって、それまでその存在を予想だにしなかったような内容が意識にもたらされる。集合的無意識の影響が大きくなるにつれ、意識はその指導力を失う。意識はいつの間にやら導かれる側になってしまい、無意識的な、非個人的な過程のほうが、次第に指導権を握ってゆく。こうして意識的な個人は、それとは気付かずに、たくさんのなかの一つの駒として、人の目には姿の見えない勝負師の将棋盤の上にのせられるのである。そして、のるかそるかの勝負を決めるのは、この見えぬ勝負師であって、意識や意識の意図の側ではない。このようにして、さきほど述べた例においても、意識には不可能と思われる転移解消が成就されたのであった。

解決不能と思われる困難を乗りこえなければならぬ必要性があるところでは、どうしてもこの過程に立ち入らなければならぬ。このような必要性がむろんすべての神経症にあるわけではない、ということを指摘しておく。もしかすると大多数のケースでは、さしあたり目下の適応困難の除去だけが問題になるだけかもしれない。重症の場合は、むろん徹底的に「人変り」したり、根性を入れかえるということがないと、治癒は望めない。大部分のケースにおいては、現実への適応に手を焼くあまり、内面への適応、集合的無意識への適応はなかなか考慮されない。だがこの内面への適応が問題にされると、無意識の側から独特の抗いがたい引力が出てきて、意識的な生の方向に根本的に影響をおよぼす。無意識の影響力が絶大であるということは、これに連結して起こるペルソナ解消や意識の指導力低下という事情が加わって、心的な均衡阻害の状態を意味する。この状態は分析治療の場合には医者がわざわざ自分でつくり出したわけであり、それは分析治療の進展をさまたげようとする困難を打破するための苦肉の策なのであった。むろん次から次へと障害は数限りなく現

1　夢のなかの集合的要素が決して分析治療のこの段階にだけ現われるのではないということを述べておくのは、おそらく余計なことではあるまい。集合的無意識の活動性が顕著になる心理的状況は多岐にわたる。しかし、ここはその諸条件を解明するにふさわしい場所ではない。

われるけれども、それらが一つの適切な助言、何らかの道徳的な支え、患者の側からの知見や何らかの立派な意志によって克服されることがある。それにより見事に治癒という結果が得られることもある。無意識についてまったく一言も取り沙汰されないケースもまれではない。しかし、満足な解決の見通しがまったくつかないような困難もいろいろある。このようなケースのなかで、治療のまえに心的均衡障害がまだ現われていないことがあるが、その場合、治療の途中で必ず現われることになる。しかも、医師が何ら手を加えないで、そうなることがきわめて多い。このような患者たちを見ていると、ひたすら一人の信頼できる人間を待ち受けていたのだ、それは自分を放棄し崩壊してしまうことができるためなのだとでもいうかのようである。このような均衡喪失は、原則として精神病的障害に似ている。すなわち、精神病の初期段階とどこがちがうかといえばただ一つ、この均衡喪失は時の経過とともにだんだんと快方に向かうのに対し、後者の精神病のほうは障害がひどくなってゆくという点だけである。見たところ絶望的な錯綜を目の当りにすると、それはいわばパニック状態であり、自己放棄とでもいうべきものである。たいていは、この困難にうちかとうとする死に物狂いの意志の努力が先行するが、やがて崩壊に立ち至ったわけで、それまで指導的であった意志が瓦解してしまう。これによって自由になったエネルギーは、意識からは姿を消し、いわば無意識のほうに入り込む。実際に、そのような瞬間に無意識の活動の最初の徴候が現われるのである（例の精神病の若者の例を示唆しておこう）。したがって意識を離れたエネルギーが、無意識を活性化したのは明らかである。次に続いて生じるのは、心境の変化である。前述した青年のケースでも、もしもっと強い頭脳の持主であったならば、星のヴィジョンを病気のよくなるインスピレーションとしてとらえ、人間の苦悩を永遠の相のもとに眺めたであろうし、その結果、自覚がもと通りにもどったであろうに、ということは容易に想像できよう(1)。

このようにして、一見うちかちがたいと思われた障害が除去されたことになるであろう。したがって私は、均衡喪失をいわば合目的的なものと考えている。けだし、この均衡喪失は役に立たなくなる意識を、無意識の自動的な、本能的な活動で補塡するからである。無意識の活動は新しい均衡をつくり出すことを目的とし、この目的を達成する——ただし意識が無意識の産み出した諸内容を同化する、つまり、それを理解して手を加えることができる、と前提しての話である。もし無意識が意識をまったく手荒く扱うようなことになれば、精神病という状態が生じる。またもし無意識が完全には目的を果たすことができないで、理解も得られない場合には、葛藤が生じ、にっちもさっちもゆかなくなってしまう。集合的無意識の理解の問題とともに、われわれはきわめて重大な困難に立ち至ったわけであるが、この難問は次章にまわすことにしよう。

1　フルールノワ著『目的論的自動現象《オートマティスム・テレオロジーク》』およびユング『精神分裂病《デメンチア・プラエコクス》の心理学』、一七四ページ以下。

第四章　集合的心《プシュヒェ》からの個性解放の試み

A　ペルソナの退行的復元

意識の姿勢が崩壊することは、決して些細なことではない。それはつねにいわば小規模な世界没落であり、一切のものが始源の混沌状態に立ちもどるのである。そうなると、すっかりお手上げとなり、方向感覚を失い、舵を失った船同然であり、自然力の気まぐれのなすがままとなる。少なくともそのように見える。ところが実際は、集合的無意識へと逆もどりしたわけであり、それが今後は指導権を握っているのである。あわやという瞬間に「急場を救ってくれる」考えなり、幻想なり、「内なる声」なりが、うむをいわせぬ説得力をもって立ち現われ、人生に新しい方向を与えたというようなケースの例は、枚挙にいとまがあるまい。あるいはおそらく逆に、人生を破壊してしまう破局を崩壊が意味していたような例も、同じようにたくさん挙げることができよう。かかる破局を迎えるのは、そのような瞬間には並々ならぬ信念も立往生してしまうか、あるいは、これも始末におえないものであるが、理想がまったくついえ去るからである。前者の場合には、心理的な特異性ないしは精神異常が生じる。後者の場合には、方向感覚喪失ないしは意気沮喪の状態が生じる。無意識の諸内容が意識のなかに入りこみ、その無気味といってもいいくらいの説得力で意識を満たすと、個体はそれにどのように反応するであろうかという問題が持ちあがる。個体はこれらの諸内容に圧倒されるであろうか。それとも、個体は諸内容を単純に信ずるのであろうか。あるいは、個体は諸内容を拒絶するであろうか（理想的ケースである批判的了解のケースは、ここでは考えないことにする）。第一のケースは偏執狂ないし精神分裂症を意味する。第二のケースは、予言者的な変り者か幼児的な人間となって人間の文化共同体から離れてしまう。第三のケースはペルソナの退行的復元を意味する。このようなきわめて技術的に見える公式化を眺めると、おそらく読者が、これは分析治療の途中で観察される複雑な心理反応なのだと推測するのも無理はあるまい。しかし、このケースが現われるのは心理的治療においてだけである、と思うのは誤りであろう。このような事象はまさしく心理治療以外の人生の諸局面においても同じように、いやしばしばより一層よく観察されうる。すなわち、なんらかの無法な運命が破壊的に襲ったようなすべての人生閲歴の場合がそうである。いまわしい運命というものは、おそらく誰でもが持つであろう。しかし、それらはたいてい治る傷であり、傷あとを残すこともない。ところが今ここで問題にしているのは、一人の人間をすっかり打ちのめしかねない、あるいは少なくとも永久に不具にしてしまうこともある破壊的体験である。例として、余りにも大胆の度がすぎて、その結果破産した商人を考えてみよう。かりにこの商人が、そのような気力をそぐような体験にもめげず、毅然として大胆な態度をとりつづけるなら、それもひょっとすると程よくセーブされているかもしれないが、その場合、彼の傷は跡かたもなく治癒したのである。逆に彼が駄目になり、それ以上の冒険を一切断念し、社会的な評判を昔にくらべはるかに狭くなった人格の枠のなかで取りつくろうのに汲々として、びくびくした子供のような気持を抱いて、大したこともない地位につき、明らかに自分の能力を下まわるような、取るにたりない仕事をしたとする。その場合、彼は——専門的に言えば——自分のペルソナを退行の途上で復元したのである。受けた恐怖が尾を引いて、彼は以前の人格発展の一段階へとすべりもどったわけである。彼は自分を卑小化してしまって、一見すると自分があたかもまだその危ない体験のまえに立っているかのような様子をしている。そのような冒険をくり返すことを考えることすら、まったく不可能なくせにである。昔はおそらく、自分の実力以上のことを望んだのであろう。今は、自分がほんとうにそれだけの力があることとすら、やる勇気がないのである。

このような体験は、人生のあらゆる領域に、ありとあらゆる形式で現われる。したがって、心理治療の途中でも例外ではない。そこでも、人格の拡大が問題となり、外面的および内面的性質の冒険が問題となる。治療における危機的体験の本質がどんなものかは、さきの哲学専攻の女子学生の実例が示してくれる。つまり、転移である。すでに先に触れたとおり、患者は転移という障害を意識もしないで乗りこえてしまうことがある。その場合、転移は体験とはならず、なにも根本的なことは生じなかったことになる。医師はむろん、たんに楽だという理由から、そういう患者を望むであろう。患者の頭がいいと、患者はおのずとこの問題の存在を発見する。その場合、上述の例におけるように、医師は父親兼恋人役にまつり上げられ、それに応じて、さまざまの要求の洪水がいっせいに彼に向けられる。そうなると医師としては否応なしに、そのような要求の殺到にどう対処すれば、片や自分がこの渦にまきこまれないですむか、片や患者が損害を蒙らないですむか、その方策に思いをめぐらさざるをえない。つまり、転移を無理に絶とうとすると、完全に症状がもどったり悪化することがあるからで、この問題はきわめて慎重に、巧く取り扱わなければならない。その次の可能性は、「時間が経てば」、「馬鹿なこと」はひとりで止むだろうという希望である。たしかに時間が経てば、すべていつかは止んでしまうけれども、そのような時間が非常に長期にわたることがあるわけで、医師・患者両方の側にとって困難が堪えられなくなり、「時間」という補助因子をそのようなケースでは、できればすぐにでも断念したくなるということもある。

転移を「打破」するためのもっといい手段は、フロイトの神経症理論を承諾することらしい。患者の依存性を、性欲が理性的に用いられない代用としての、幼児性欲的欲求だと説明するわけである。同じような利点を呈するのがアードラー理論である。[1] アードラー理論によれば、転移は幼児的な権力志向とされ、「自衛傾向」とされる。[2] 両理論とも神経症気質にはうってつけであり、いかなる神経症の症例も両理論で同時に説明がつく。偏見を持たない者ならだれでも是認せざるをえない、

1　アードラー『神経質な性格について』ヴィスバーデン、一九一二年。

このもときわめて注目すべき事実は、もとをただせば、フロイトの「幼時性欲」とアードラーの「権力傾向」とが、フロイト派とアードラー派との意見の争いを別にすれば、まったく同一物であるという事実にもとづく。転移という現象において露頭するのは、制御されなかった、最初は制御の不可能な、原始的な欲動性の一部である。徐々に意識の表面に到達する太古の幻想のさまざまな形は、この事実のもう一つの証左に他ならない。

　両方の理論によって、患者にその欲求がいかに幼稚か、いかに不可能か、いかに馬鹿げているかを明らかにすることを試みることができる――ついには、ひょっとすると自分の理性にさえ、患者は立ちもどるかもしれぬ。例のわたしの女性患者は、それをしなかった唯一の者というわけではなかった。たしかに、医師はこのような理論によって体面を保ちうるであろう。そして、どうにもならない状況から、多少とも人間らしく抜け出ることができるであろう。実際、もっと骨を折っても骨折り甲斐のない（か、あるいはなさそうに見える）患者がいるし、そのようなやり方がまさに患者の心を無意味に傷つけることしか意味しないようなケースもある。例の女子学生の場合、ぼんやりと何かそのようなものを私は感じたため、合理主義的な試みは断念した。そして――むろん後暗い不信の念を抱きながらも――自然に対して、自然そのものの無意味さ（というふうに私には思われたもの）を訂正する可能性を与えたのであった。すでに述べたように、この機会に私は実に重要なことを知るに至った。すなわち、無意識の自己調節が存在するということである。無意識は「望む」ことができるばかりではなく、自分自身の望みを棄て去ることもできるのである。個性の完全性にとってことの他重要なこのような認識は、たんに幼時のことだけが問題だという考えにこだわりつづける人には、あくまでも受け付けられない。そのような人は、この認識のしきいのところまでくると廻れ右をし、こう独り言を言うのである。「むろんすべてはノンセンスだった。私は心を病む幻想家で、無意識やそれに係わりのある一切のものをきわめて巧く葬るなり、捨て去るのだ」と。彼は自分が強く欲したものの意味を、幼児的な無意味なものとしてしか片付けないだろう。自分の要求が馬鹿げたものであったことを、彼は理解するであろう。自分自身への寛大と諦めを彼は学ぶ。彼に何ができるだろうか。彼は葛藤の前へとまいもどり、できうる限り退行的に、消した自分のペルソナをふたたび作り上げるであろう。かつて転移において花開いたもろもろの希望や期待はすべて差し引いた上でである。それによって彼は、以前にくらべて小さくなり、偏狭になり、合理的になる。このような結果がすべての人間にとって当然不仕合わせなことだとは言い切れないであろう。なぜなら、その周知の不適格性ゆえに、自由な状態におけるよりも合理主義的体系のなかでのほうがうまくゆくという人はあまりにも多いからである。自由な状態におけるほうが、より難しいことなのである。このような結果をよく堪えうる者は、ファウストとともに次のように言ってもいいであろう。

2　ユング『正常な心の営みと病的な心の営みにおける無意識』ラッシャー版、チューリヒ、で扱ったかかる実例を参照せよ。

この世のことは、もう知ってしまった。
天上への途《みち》はとざされている。
目ばゆそうに上を見て、
雲の上に自分に似たものがあるなどと空想するのは馬鹿者のすることだ。
この大地の上にしっかりと立って、自分の身の回りをじっくりと見回すがいい。
この世界は有能な人間には隠し立てはしない。
永遠の境にさまよう必要があるだろうか。
しっかり認識したものは、身につくのだ。
そんな風にしてこの世の毎日を送り迎えて行けばいい。
幽霊が出てきても、わが道を進め……（『ファウスト』第二部、一一四四一行以下。）

このような解決も、無意識を振り落とし、無意識がその効力を失うまで無意識からエネルギーを引き抜くことにほんとうに成功するなら、仕合わせであろう。体験によれば、無意識からエネルギーは部分的にしか引き抜くことはできない。無意識はたえず活動している。なぜなら無意識はリビードの源を含んでいる、というか、リビードの源そのものであり、そこからわれわれに心の諸要素が流れ込んでくるからである。だから、何らかのいわゆる魔術的な理論なり方法なりによって無意識から最終的にリビードを奪いとり、それによっていわば無意識を排除しえたなどと思い込むのは、錯覚というものであろう。このような錯覚にしばらくでも身をゆだねてしまうと、いつの日かファウストとともに次のように言わざるをえなくなるであろう。

それが今は、身のまわりの万事が妖怪じみていて、
これをどう始末していいのか、それがわからぬ。
白日は明るく理性的に笑いかけてくれても、
夜は夢の織物の中へわれわれを紡ぎ込んでしまう。
若やいだ野原から機嫌よく帰ってきても、
鳥が啼《な》く、なんと啼くか、凶と啼くのだ。
四六時中、迷信に絡《から》みつかれて、
異変が起ったり、怪しい姿が現われたり、戒めの声が聞えたりする。
その挙句《あげく》、己は兢々《きょうきょう》として孤独でいるより他はない。
扉がきしんだが、誰も入ってくる様子はない。（『ファウスト』第二部、一一四〇九行以下。）

誰も無意識から随意に活動力を奪うことはできない。せいぜいよくて、そうしたと思いちがいをするのが関の山である。ゲーテが言うとおりである。すなわち、

わたしの言葉は耳に聞えなくても、
胸のうちには響くはずです。
姿をいろいろと変えて、
怖ろしい力を揮《ふる》うのがわたしです。（『ファウスト』第二部、一一四二四行以下。）

無意識に対立して力を発揮しうるものが一つだけある。それは、外部の、紛うかたない苦難である(無意識についてもう少し知っている人は、外部からの苦難の背後にも、それ以前に内面から見つめていたのと同じ顔を認めるのである)。内面的苦難は、外部の苦難に変りうる。実際の、たんにポーズだけではない、外部からの苦難が存在する限り、心のなかの問題は活動を停止するのがつねである。それゆえにメフィストは、「馬鹿げた魔法仕掛け」を嫌うファウストに、こう忠告するのだ。

こうです、それは
金も医者も魔法もなしにやれる法です。
出でて田園に赴く、
そして田畑をたがやす、
狭い世界に閉じ籠もって、
わき見は一切しない。
煮焼きしたものは口にしない、
動物とともに動物になって暮す、
自分が耕す畑に自分がこやしをやることを恥と考えない。(『ファウスト』第一部、二三五一行以下。)

周知のとおり、「簡素な生活」を見せかけることはできない相談で、したがってそのような猿まねくらいで、質素な、運命に身をゆだねた生活の何ら問題もないような境地を買い取ることなど絶対にできはしない。そのような生活の可能性ではなく、むしろ必要性を自分のなかに持っている人は、本人の性格によってそのような生活を余儀なくされるであろう。ここに投げ出されたような問題を見ることなど彼の理解力は及ばないので、このような問題など目にも入れないで通り過ぎるであろう。しかし、このファウスト的問題を目に入れることができるなら、「簡素な生活」への逃げ道はそのような人には閉ざされてしまっている。なるほど、田舎の二部屋の家に移り住み、庭を耕し、なまの蕪菁《かぶら》を食べるのを邪魔だてする者はいないであろう。だがこのような欺瞞を、当の本人の心が笑うであろう。その人のあるがままの姿のみが治癒力を持っているのである。

ペルソナの退行的復元が人生の可能性でありうるのは、次のような場合に限られる。すなわち、その人の人生の決定的失敗が、その人自身の高慢による場合である。彼は自分の人格を縮小して、自分の手に負える規模へともどってくる。他のケースではどんな場合も、諦念と自己縮小は避難である。この避難は結局はノイローゼ症状によってしか維持できないのである。本人の意識から見れば、自分の状態はむろん避難だとは見えぬ。むしろ問題に着手することの不可能性だと見えるのである。彼は通常は孤立無援である。われわれの今日の文化のなかでは、彼に対してその手助けとなるようなものはほとんどないか、皆無である。心理学すら、さしあたっては退行的見方で対処するだけである。つまり、あの過渡期段階の避けがたい、太古の幼時的性格を強調し、それによって過渡期段階を彼にとって承認しがたいものにする。医者の理論というものは、医者自身が大体においてスマートに窮地を脱することのできるようにも役立ちうるものだ、ということなど彼には思いもつかない。このような退行的理論がノイローゼの本質に見事に適合しているのも、結局はそのような理論が医者自身に役立つからに他ならぬ。

B　集合的心《プシユヒエ》との同一化

第二の可能性は、集合的心《プシユヒエ》との同一化であろう。これは心的インフレーションを想定することと同じ意味になるかもしれないが、こちらは体系にまで引き上げられている。すなわち、まだ発見されていなかった大きな真理の、民族の救済を意味する究極的認識の仕合わせなる所有者ということになるであろう。かかる心的態度は、必ずしも直接的な形での誇大妄想である必要はなく、改革、予言、殉教といった、周知の軽減された形の誇大妄想であればよかった。しばしば見受けられるように、弱い精神はそれだけにますます余計な功名心や虚栄心や場違いの素朴さをふりまわすけれども、このような誘惑に屈する危険性が小さくない。集合的な心への入口が開くということは、個人にとって人生の革新を意味する。その革新が歓迎すべきものと感じられようと歓迎すべからざるものと受け止められようとも、それには関係なくである。みな、この革新をしっかりと保持しようとする。ある人は、それによって彼の生の感情が高まるからである。ある人は、それによって彼の認識に豊かな成長が約束されるからである。またある人は、自分の人生を変える鍵を発見したからである。したがって、集合的な心のなかに秘められている大きな価値をふり払ってしまいたくない人はすべて、人生の深淵に対するこうして新しく獲得した結びつきを、何らかの方法で保持しようとつとめる。(1) 同一化はそれへの一番の近道のように思われる。なぜなら、ペルソナを集合的な心のなかで解体することは、まぎれもなく、この深淵と婚姻関係を結び、一切を忘れ去ってそれに同化してしまうことに当然なるからである。このような神秘主義の一幕は、まともな人間であればだれにでも起こることである。それはちょうど「母への憧れ」というものが、実はかつて自分がとび出してきた源をふりかえってみることとして、どんな人間にも生れついてそなわっているのと同じである。

以前に詳しく示したように、フロイトが周知のごとく「幼児固着」ないし「近親相姦願望」としてとらえている退行的憧憬には、特別な価値と特別な必然性とがある。この必然性は、退行的憧憬に溺れてしまって、わざわざ危険におもむいて母なる深淵の怪物に呑みこまれるのがまさしく民族のなかでもっとも強くて、もっとも立派な男である、つまり民族のヒーローであるという事実によ

1　ここでカントの興味深い発言に諸賢の注意を喚起しておきたい。『心理学講義』(ライプツィヒ、一八八九年)のなかで、カントは「われわれが到達できない人間の認識の深い深淵をなしている、暗い表象の野に横たわる財宝」を示唆している。この財宝は、すでに拙著『リビードの変遷と象徴』において詳述したように、そのなかでリビードが公けにその任にある、というか、もっとうまく言い表わすならば、リビードの自己表現であるところの最古のイメージ群の総和なのである。

って、たとえば神話において目立つのである。彼がヒーローであるという理由はただ、彼が最終的には呑みこまれず、怪物を負かすから、それも一度きりではなく、何度もうち負かすからなのである。集合的な心の征服からはじめて、真の価値が生じる。財宝の百戦百勝の武器の、魔法の防御手段の、あるいはつねに神話が願わしい品物として考えるものの略奪が生じる。したがって集合的な心と同一化する人――神話的表現をするならば、怪物に呑みこまれ――そのなかに同化しきってしまう人は、たしかに竜が番をしている財宝のところにおもむくが、喜び勇んでというわけではない。そして自分自身が甚大な損害をこうむってしまう。

この同一化の馬鹿げていることを意識している者はおそらくだれも、同一化を原理に高めようという勇気は持たないであろう。しかしその点に関して危険なのは、大多数の人々には必要なユーモアが欠けるか、あってもちょうどこの個所でそれが出ないということである。多くの人々は悲壮感にとらわれ、すべてが意味あり気に見えるようになり、そのため有効な自己批判がいずれも妨げられる。真の予言者の存在を一般的に私は否定したくはない。しかしそれでも用心のために、それぞれの個々のケースについてはまず一度は疑ってかかりたい。なぜなら、むぞうさにこれは本物だと考える気に簡単になってしまうには、それは余りにも胡散臭いところのある事柄だからである。ほんものの予言者はいずれも、はじめは男らしく、予言者という役割についての無意識的な期待に抵抗するものである。だから手のひらをかえす間もないくらいに簡単に予言者が出現したような場合には、これはむしろ心理的な均衡喪失ではあるまいかと考えたほうがいい。

予言者になるという可能性とならんで、まだ他にも、もっと微妙で、見たところもっと正統的な魅惑的喜びがある。つまり、予言者の弟子になるという喜びである。これこそは大多数の人々にとって、うってつけの理想的なテクニックであろう。その利点はこうである。「威厳ある煩わしさ《オディウム・ディグニターティス》」、つまり予言者の超人間的責務が、それだけ一層甘美な「威厳なき平安《オディウム・インディグニターティス》」へと変るのである。弟子たる者は威厳に欠ける。控え目に「師匠」の足もとにすわっていて、自分自身の考えは持たないように気をつけているという次第である。精神的怠惰が徳と化す。少なくともなかば神のような存在の陽光を浴びる喜びは許されている。無意識的幻想の太古性と幼児性は、自腹を切らずに、完全に自分の期待通りになる。なぜならあらゆる責務は「師匠」の方に転嫁されるからである。師匠が賞めそやされることによって、見たところそれに気がつかないのだが、自分もえらくなる。しかもその上に、偉大なる真理を――自分で発見したわけでもないのに――それでも少なくとも「巨匠」じきじきから伝授されるのである。むろん弟子たちはつねに結集する。それはたとえば愛情からではない。集合的な和合をうみ出すことによって、苦労せずに自分自身の確信が固められるという、よく理解できる打算からである。

さて、これは集合的な心との同一化であるが、この同一化は実に推薦するに足るもののように見える。他者が予言者たる栄誉をになうが、それと同時に危険な責任を負っている。弟子の方はたんに弟子にすぎぬ。だが、師匠が発掘した大きな宝の共同管理者ではあるのだ。そのような職務の品位と負担の一切を感じとり、考え方の違う者たちをみんなののしり、同調者をつのり、人類一般を啓発することを至高の義務、道徳的な必然性だとみなす――あたかも自分自身が予言者であるかのようである。そして、他でもなく見たところ控え目なペルソナの背後にかくれていたような人たちこそ、集合的な心との同一化でいったん膨張すると、だしぬけに世界の表舞台に姿を現わすのである。というのも、予言者が集合的な心の原像であるように、その予言者の弟子も原像だからである。

両者の場合ともに、集合的無意識によるインフレーションが登場する。そして個性の自立化は損害をこうむる。しかしもとよりすべての個性が自立化への力を所有しているわけではさらさらないので、ひょっとすると弟子になる幻想こそは、それら個性の完成しうる最善であるかもしれない。これと結びついた心的インフレーションがいろいろと羽根をのばすのは、そうなると少なくとも、精神的自由の喪失に対するささやかな代償である。真の、あるいは自分で思いこんでいる予言者の生活が苦悩や幻滅や欠乏だらけであることを軽蔑してはならない。それだからこそ、讃美の歌をうたう弟子たちの群が補償の価値を有しているのである。これらすべては人間的によく理解できることなので、それ以上の何らかの定められた目的とでもいうようなものがあるとすれば、驚かざるをえないであろう。

第二部　個性化

第一章　無意識の機能

第一部で扱った段階をのりこえる宿命と可能性が存在する。それが個性化の道である。個性化とは何を意味するか。個別的存在になることであり、個性というものをわれわれの最も内奥の、最後の、何ものにも比肩できない独自性と解するかぎり、自分自身の本来的自己（ゼルプスト）になることである。したがって「個性化」のことを「自己化」とも「自己実現化」とも翻訳できるかもしれない。

今までのいくつかの章で語った発展の可能性は、実際のところ自己脱却、つまり外面的な役割のためか、もしくは想像上の意味のために自己放棄することである。前者のケースでは、社会的に認められはするものの本来的自己は背後にしりぞく。後者のケースでは、ある原像が自己暗示的な意味を持ってくるのにひきかえ本来的自己は後ろへしりぞく。したがって両方のケースとも、集合的なものが優位を占める。集合的なもののために自己放棄をすることは、社会的理想に照応する。この自己放棄はそれどころか、社会的な義務、美徳とさえみなされる。しかしそれは、社会的な義務、美徳をエゴイスティックに濫用することなのかもしれぬ。エゴイストのことを「利己的」ということがあるが、これは私がここで使っているような「本来的自己」の概念とは、むろん何の関係もない。他方、自己実現は、自己放棄とは反対のものだと思われる。この辺のところは、おおむね誤解されている。個人主義と個性化の区別が十分にされていないからである。個人主義とは、集合的な配慮や義務遂行とは反対に、ひとりよがりの独自性を意図的に際立たせ、強調することである。ところが個性化のほうは、まさしく人間の持つ集合的な諸規定をよりよく、より完全に実現することを意味している。個性の独自性を十分に顧慮することによって、その人間が立派に社会において業績をあげることが期待されるのである。独自性をなおざりにしたり、押さえつけたりさえする場合よりも、すぐれた成果が予測される。個性の独自性というものは、決して個性の主体や構成要素の異質性と解してはならない。むしろ、もともと普遍的なもろもろの機能や能力が独自に混じり合っている一状態、ないしは程度の差として異なって表われているものと考えるべきである。ひとりひとりの人間の顔にはいずれも鼻が一つ、眼が二つ、などなどというふうについているが、これらの普遍的な因子はそれぞれに異なっている。そしてまさにこの差異性こそ、個性の独自性を可能ならしめるものである。したがって個性化というものが意味する心理的発展過程とは、次のような過程でしかありえない。つまり、所与の個性的な諸規定を実現する発展過程である。換言すれば、個性化とは、人間を彼がいつかそうである一定の個的存在たらしめるところの心理的発展過程なのである。個性化によって人間は決して、通例の意味での「利己的」になるわけではない。人間はひとえに独自性を実現するのみである。これは、すでに述べたように、エゴイズムないし個人主義とは雲泥の差がある。

さて、人間の個体は生きた統一体として、もっぱら普遍的な因子から成り立っているかぎり、まったく集合的であり、それゆえ集合性とは少しも対立しない。したがって独自性を個人主義的にとらえて、それを強調すれば、生きた存在のこのような基本事実とは矛盾をきたす。これに反し、個性化が実現しようとして努力するのは、あらゆる因子同士の生きた協力関係に他ならない。ところが、それ自体が普遍的な諸因子は、つねに個人という形をとってしか存在しない。だからこれら因子を完全に顧慮することは、結局は個人的な影響ということを結果する。この個人的影響を凌駕するものは、まず他にはない。個人主義などでは、及びもつかない。

さて個性化の目的は、一方ではペルソナという偽りの覆いから、他方では無意識のイメージの暗示力から自己を解放すること、それに他ならない。これまで述べてきたことから、ペルソナが心理学的に何を意味するかは、十分に明らかになったと思う。ところでもう一方の側に関しては、つまり集合的無意識の作用ということになれば、話がちがう。われわれはひとつの暗い内面世界のなかを動いているわけであり、この集合無意識の世界は、だれにでも手の届くペルソナの心理学にくらべると、理解するのはいちじるしく難しい。だれでも、「役人面《づら》をする」ということがどんなことか、「社会的な役割を演じる」ということがどういうことを意味するか、などということは承知している。ペルソナによってわれわれは、かくかくしかじかの姿をとることを望むのである。あるいは、仮面のうしろにわれわれは隠れていたいのである。いやそれどころか、われわれはある一定のペルソナを防御壁として築き上げさえする。そういうわけでペルソナの問題は、理解するのに別に難しい点を提供するわけではあるまい。

ところが、暗示的な力をほしいままにして意識の世界に押し入ってくる、あのやっかいな内面的過程をみんなにわかるように説明することのほうは、話がまったく別である。これらの働きについて最もてっとり早くイメージをつくりあげるためには、おそらく精神病であるとか、芸術創造のインスピレーションだとか宗教的回心の例の助けを借りればよかろう。かかる内面変化のすぐれた、いわゆる現実をうがった叙述は、H・G・ウェルズの『クリスティーナ・アルベルタの父（タオホニヒツ）』に見出される。この手の変化は、レオン・ドーデの書いた一読に値する『遺伝梅毒患者《レレド》』にも記されている。広範囲におよぶ素材は、ウィリアム・ジェイムズ著『宗教的体験の諸相』に見出される。数多くのこのようなケースにおいて、あるいは変化を直接に条件づけるか、あるいは少なくともその機縁となるか、いずれにせよ外面的な因子が存在することはする。それにもかかわらず、つねに外面的因子が人格変化の成立の十分な説明理由を与えるとは限らない。むしろわれわれとしては、主体的な内面的な理由、意見、確信から人格変化が生じうるものであり、その場合に外面的機縁がなんの役割も果たさないか、果たしたとしてもさして重要でない役割しか果たさないものであるという事実を認めざるをえない。これは病的な人格変化の場合にあっては、いわば原則である。圧倒的な外面的な出来事に対するはっきりした、単純な反応であるようなたぐいのケースの精神病は例外である。したがって精神病学《ピシュヒアトリー》にとっては、遺伝的な、もしくは後天的な素質こそ、本質的に病因となる因子なのである。おそらく同じようなことがたいていの芸術創造の直観にもあてはまるであろう。というのも、落ちるリンゴとニュートンの万有引力理論とのあいだに純粋に因果的結びつきがあると想定するようなことを、まずわれわれはしないだろうからである。別に直接的な原因として、暗示であるとか、伝染力のある見本が考えられるわけでもないような宗教的な回心もすべて、同じようにおそらく、自立的な内面的過程に基づくものであろう。その過程が進行していった頂点が人格変化となって表われるわけである。この過程は原則として、最初は識閾下の、つまり無意識的な事象で、ごく少しずつしか意識の領域に到達しないという特性を持つ。意識界に侵入する時点が、むろんきわめて突然におそうこともあり、そうなると意識は瞬間的にきわめて異質な、一見したところ見当のつかない諸内容であふれることになる。素人には、また当事者にはそのように見えるかもしれないが、玄人にはそのような突然性ということはありえない。つまり実際には、意識への侵入は原則として長年にわたって、ときには半生にわたって準備されてきたのであって、すでに幼少期に、しばしば多少とも象徴的に、未来の異常な発展を暗示するようないろいろと変ったことが観察されえたことであろう。たとえばこんな精神病患者がいたのを思い出す。その患者は食餌を拒否し、鼻腔ゾンデを通しての人工栄養補給も異常なくらいに手こずらせた。ゾンデを通すのに麻酔が必要とさえなった。すなわちこの患者は独特なやり方で、舌をいわばのみこむ、つまり咽喉の奥の方に押しつけることができたのであった。これは当時、私にとってまったく前代未聞の出来事であった。患者が正気の平静期に、患者の口から知りえた事実は次の通りである。青年のころ彼は自殺の方法をしきりと考えた。どんなに阻止されようとも確実に死ねる方法はないかと考えた。彼はまず呼吸を止めることを試みた。しかしやがて、なかば意識のない状態でやはりまた呼吸をしはじめることを発見した。したがってこのやり方に見切りをつけ、もしかすると食餌拒絶ならうまくゆくかもしれぬ、と考えた。この幻想にはじめのうち彼は満足したが、やがて咽頭腔を通して食餌が注入されるということを知った。そこでこんどは、この通路をどうすれば遮断できるか彼は考えてみた。このような経路をたどって、舌を奥の方に押さえつけるということを思いついたのである。最初はなかなかうまくゆかなかった。だから規則的に訓練をすることを始めて、舌をのみこむことに成功した。しかも、時には意図せずとも麻酔をかけられていてもできるようにである。明らかに、舌底部筋肉を完全に、人為的に弛緩させることによってである。

このような変ったやり方で、青年は未来の精神病の準備をした。二度目の発作のあと、不治の精神病になった。他にいろいろと例を並べたてるよりも、この実例一つではっきりするであろう。一見したところ突然に、異質な内容があとから侵入してきたわけであるが、実は決して突然のものではなかったのであり、むしろ多年におよぶ無意識的発展の結果であったのである。

さて、大問題は、無意識的な事象の本質は何かということである。またその性質はどんなものか、ということである。事象が無意識である限り、むろんそれについては何も表立っては言明されえない。しかし時折、あるいは症状を通して、あるいは行動なり意見なり感情なり幻想なり夢なりを通して、顕在化するのである。そのような観察材料を拠りどころにするならば、無意識の事象や発展のその時その時の状態、その時その時の性状についての間接的結論を引き出すことが可能である。むろん、だからといって、それで無意識的事象の本当の性質を知りえたのだ、などというような錯覚におちいってはならない。われわれが到達するのは、せいぜい、いわば＝あたかも＝であるかのような、というところどまりなのである。

「自然の内奥には、神の創造し給うた精神は踏み入ることはできない」。無意識のなかにも同様である。しかしわれわれは、無意識が決して休まないことを知っている。無意識はつねに仕事についているらしい。われわれが眠っているときにでも、われわれは夢を見るからである。原則として絶対に夢を見ないと主張する人々も多いが、おそらくどうやら、ただたんに自分の見た夢を思い出せないというのが、一番事実に近いようである。それどころか、次のような注目すべき事実がある。すなわち、寝言を言う人々はその寝言に対応する夢をたいてい思い出せない。あるいは、自分が夢を見たという事実をそもそも思い出せないのである。またたしかに、他の時には当然存在していたある事柄をどうしても思い出せないとか、ある気分におそわれてもその原因がつかめないなどと、折に触れてはわれわれがお互いに言いあわない日はない、といっていいのではあるまいか。これらこそ、全体で一つに結びあっている無意識的活動のあらわれなのである。この活動は、夜間においては夢のなかで直接的に姿を現わす。昼間だと意識の側から発せられる阻止を破るといっても、時折でしかない。

現在のわれわれの経験の及ぶかぎりにおいて、こうわれわれは主張できるであろう。すなわち、無意識的事象は意識と補償的関係にあるのだということである。私は意図的に、「対聴的」という語ではなく「補償的」という語を用いている。なぜならば、意識と無意識とはどうしても互いに対立し合うという関係にあるのではなく、互いに補い合って一個の全体へ、本来的自己（ゼルプスト）へと至るものだからである。かかる定義にしたがえば、本来的自己は、意識的自我よりも上位の存在ということになる。本来的自己は意識的な心《プシュヒエ》ばかりではなく、無意識的な心《プシュヒエ》をも含む。したがっていわば、われわれもそれであるところの一人格である。われわれはそれぞれ分割された部分的な心を所有している、とおそらく考えていいのではあるまいか。そうすれば、たとえば難なくわれわれ自身をペルソナと見ることができる。しかし、われわれが本来的自己としてどんなものなのかを明確にすることは、われわれの想像の力を超えることである。なぜならその操作のためには、部分が全体を把握することができるということにならざるをえないからである。また本来的自己についてのせめて近似的な意識性にわれわれが到達する、という望みもない。なぜなら、どんなにわれわれが意識化しようとしても、全体的な本来的自己に所属している不確定で規定できぬ量の無意識が存在するからである。かくして本来的自己はつねに、あくまでもわれわれの上位にある存在であり続けるであろう。

　意識的自我を補償する無意識的事象は、全体的な心《プシュヒエ》の自己調節に必要な諸要素をすべて含んでいる。個人的な段階では、それは意識のなかでは認められなかった個人的な動因で、これらは夢のなかに現われる。あるいはまた、われわれが見過ごしていた昼間の諸状況の意味付けであったり、あるいはわれわれがくだしていなかった結論であったり、われわれが自分に許さなかった感情であったり、われわれがまだ残しておいた批評であったりする。自己認識およびそれに応じた行動によって、自分自身を意識化してゆけばゆくほど、集合的無意識に積み重ねられている個人的無意識の層は消えてゆく。それによって、もはやちっぽけな、個人的感覚の自我世界にはかかわらないで、もっと広い世界、客体にかかわりあう意識が生じる。この広くなった意識は、個人の無意識的な反対傾向によって補償されたり、あるいは訂正されたりもしなければならないところの個人的な願望や怖れや希望や野心といったもののひしめく、あの感覚的でエゴイスティックな群ではない。それは客体と、つまり世界と結びついた関係機能であり、個人というものを世界との絶対的な、拘束的な、分離不可能な共同体に移し置くのである。このような段階で生じるもろもろの紛糾は、もはやエゴイスティックな願望の葛藤ではなく、自分にも他人にも関係するさまざまの困難なのである。この段階においては結局のところ肝腎なのは集合的諸問題である。これらの問題は集合的無意識を動かすようになる。なぜならばこれらの問題は、個人的な補償ではなく集合的な補償を必要とするからである。ここでわれわれは、無意識の生産する諸内容がたんに該当する個人にとってのみならず、他人にとっても、それどころか多数の人々にとっても、いやひょっとするとすべての人々にとっても妥当するということを、身をもって経験することができるであろう。

エルゴン山(アフリカ大陸ケニア奥地の高山)の原始林に生むエルゴニ族の連中が私に、夢には二種類あると説明してくれたことがある。すなわち小物が見るありふれた夢と、大物だけが、たとえば魔術師や部族の長だけが抱く「雄大なる幻想」とである。小さな夢は別に問題はない。ところが、「大きな夢」を見た場合は、部族の人々を呼び集めてみんなにその夢の話を聞かせるのであった。

ところで、自分の見た夢が「大きい」か「小さい」かは、どこでわかるのであろうか。重要度についての本能的な感じから、わかるのである。自分の見た夢から受けた印象に圧倒されて、その夢を自分の胸にしまっておくことなど思いも寄らなくなる。その夢を語らずにはいられない。その夢がみんなにとって重要である、という心理的に正しい想定をしているのである。集合的な夢は、われわれの場合にも感情的な重要性を持っていて、伝達したいという衝動を起こさせる。そのような夢は、関係の葛藤から生じており、意識的関係のなかに持ちこまなければならない。なぜなら、この夢は意識的関係を補償し、たんに内面的な個人的な歪曲を補償するだけではないからである。

集合的無意識の諸事象が取り組む対象は、一個人とその家族ないしもう少し大きな社会集団との関係という、多かれ少なかれ個人的な関係だけではない。一個人と社会との関係も取り扱うし、人間社会一般もその対象となるのである。無意識的反応を惹き起こす条件が普遍的であればあるほど、非個人的であればあるほど、補償的徴候はそれだけ重要性を増し、より異質的、より圧倒的になる。補償的な徴候は、個人的な伝達を迫るばかりではなく、公開、告白を迫る。それのみか、演技的に表現する役割がどうしても必要にさえなってくる。

無意識が諸関係をどのように補償するか、一つ例をとって説明しよう。かつて私の扱った患者に尊大な男性がいた。その男性は弟といっしょに店を経営していた。この兄弟のあいだがたいへん険悪な仲となって、それがこの患者の神経症のとりわけ重要な原因であった。患者自身の話からでは、その緊張した状態をもたらすこととなった真の理由はあまりはっきりしなかった。何かにつけて彼は弟を槍玉に上げた。弟の才能についても、あまり好意的なイメージを描き出さなかった。彼の見る夢にはよくその弟が登場した。しかもいつもビスマルクや、ナポレオンや、ジュリアス・シーザーの役なのである。住んでいる家敷はヴァティカン宮殿であったり、トルコ皇帝宮殿《イルディス・キオスク》であったりした。つまり明らかに彼の無意識は、弟の地位をいちじるしく高めようという欲求を持っていた。このことから私が下した結論は、患者が自分を買いかぶりすぎており、弟のことをあまりにも見くびっているということである。分析治療が進んでゆくうちに、この結論が正しいことが判明した。

自分の母親べったりであった若い女性患者で、母親について見る夢は、きまってよくない夢だという女性がいた。母親は夢のなかでは、魔女であったり、幽霊であったり、迫害者だったりするのである。母親は娘を法外に甘やかしていて、その溺愛のおかげで娘の方も、母親のおよぼす有害な影響を意識的に見てとることができなくなってしまっていた。このために無意識が、母親に対する補償的な批判をおこなったのである。

私自身もむかし、ある女性患者を知的な面でも道徳的な面でも見くびっていた経験がある。夢で高い岩の上に建っている城を見た。いちばん高い塔に張出し窓があって、そこにその女性患者がすわっていた。私はためらうことなく、早速この夢を彼女に伝えた。むろん首尾は上々であった。

よりによって自分が不法にも軽視している人々の前で物笑いの種になりたがるものだということはよく知られている。逆のケースもよくあるのは、むろんのことである。たとえば私の友人の一人がこんなことを経験したことがあった。その友人はまだ若い学生のころ、フィルヒョー「閣下」に謁見を願い出たことがあった。さて不安におののきつつ相手に自己紹介しようと自分の名前を名乗ろうとしたとき、「私の名はフィルヒョーです」と言ってしまったのである。これに対し、閣下は意地悪そうににやりとして、「ほう、君もフィルヒョーというのですか」と言った。自分が取るに足りない存在だという感情が、明らかに友人の無意識にとっては過度になったのであろう。そのため、無意識が彼にさっそく、フィルヒョーに対し自分も同じ大物であると名乗らせるよう仕向けたわけである。

これらの個人的な色合いの濃い関係にあっては、むろん集合的な補償はさほど必要とはされない。これに対し、いちばん最初に挙げたケースでは、無意識が利用した人物群は非常に集合的な性格を持っている、広く世に知られたヒーローたちである。さて、この場合に解釈の可能性は二つある。すなわち、患者の弟が世に広く認められた集合的な意味を持つ人であるということか、さもなければ患者はただ弟に対してというのではなく誰に対しても、自分のことを過大評価する病気にかかっているかである。前の方の考え方には何の手掛りもなかった。調べてみて後者であることがわかった。患者の尊大な思い上がりは、たんに弟だけではなく、もっと広い社会集団に向けられていたので、補償も集合的イメージを用いたのであった。

同じことは第二のケースにも当てはまる。「魔女」というのは集合的なイメージである。したがって、この若い女性患者の盲目的な執着は個人的に母親に向けられていたばかりではなく、もっと広い社会的グループにも向けられていたのである。このようなことになったのも、その少女の住んでいた世界が、もっぱら幼児的世界で、世界がまだ両親と同一物だったからである。上に述べた例は、個人的なものの枠のなかの関係に該当している。しかし、時折無意識的な補償を必要とするような非個人的関係もまたあるのである。そのような場合に登場する集合的イメージは、大体において神話的な性格を持っている。倫理的、哲学的、宗教的問題は、普遍妥当的な性格を持っているために、おそらく最も早く神話的補償をひき起こすのを常とする。上述のH・G・ウェルズの作品でも、古典的な補償が出てくる。プリームビイ氏は、人柄という点でスケールの小さい小型版だが、自分がもともと、王の王たるサルゴンの生れ変りであることを発見する。幸いなことに、作者の独創力のおかげで、この哀れなるサルゴンは病理的滑稽さののろいを受けずにすみ、読者にはこのような哀れむべき不条理のなかに悲劇的な、時を超えた意味を認める可能性さえ示されるのである。まったく取るに足りぬ人物たるプリームビイ氏は、自分のことを過去と未来のあらゆる時代の通過点だと認識したのであった。このような認識を得るのに、軽度の精神錯乱ですんだのは、決して高い買物ではない。むろん、この小プリームビイ氏が原像の怪物に最終的には呑みこまれてしまうことがない、という条件つきの話である。あやうく彼はそういう目にあうところであった。

悪や罪という普遍的な問題は、世界というものに対するわれわれの非個人的な関係の別の一面である。だからこの問題ほど集合的な補償をつくり出すものは、まず他にはないのではあるまいか。ある患者が、重症の強迫神経症の初期徴候として、十六歳のときに次のような夢を見た。「彼は、とある知らない通りを歩いている。暗い。背後に足音がやって来る。彼は歩を速める。少しこわいのだ。足音が近づく。不安がつのる。駆け出す。しかし、どうやら足音は追いつきそうである。とうとうふり向く。と、悪魔がいる。心臓がとまるほどびっくりして彼は空中にとび上がり、そこにへばりついてしまう」。この夢が二度もくりかえされる。きわめて重要だというしるしである。

周知のとおり、強迫神経症というものはそのきちょうめんさや儀礼的な強迫性によって、道徳的問題という表面的な見かけを持っているだけではない。強迫神経症は内面的にも、非人間的なものや犯罪的なものや無道な悪に満ち満ちていて、それらのものが束になっている状態に対して、その他の点でお上品につくられている個人は絶望的な抵抗を試みる。このような理由からして、きわめて多くのことが儀礼的に「正しい」やり方でおこなわれなければならぬ。威嚇的に隠れている邪悪なものに対して、いわばバランスをとるためである。上述の夢のあとで神経症がはじまったのであった。その神経症の実体は主として次のようなものであった。すなわち患者は、彼の表現にしたがえば、「暫定的な」ないしは「まじり気のない」純粋な状態に身を持した。つまり、その目的のために彼は世間との、そして過去を想起させるすべてのものとの接触を、気狂いじみた馬鹿ていねいさや、きちょうめんきわまりない洗浄儀礼や、無数の度を越えた複雑なタブーの小心翼々たる遵守によって棄てるか、あるいは「無効」にしたのである。自分にさし迫った地獄さながらの生活を患者がまだ予感する以前に、例の夢は患者に対して、再び地上に舞いもどろうと思っても悪との契約がまだ懸案の問題として残っているのだ、ということを示したのであった。

ある若い神学専攻の学生における宗教問題の補償を表わしている夢のことを、私はある他の場所で述べたことがある。その学生の場合は現代人には珍しくないような、ありとあらゆる信仰上の難しさが問題となっていた。さて夢のなかで、彼は「白魔術師」の弟子となっている。その白魔術師は黒い衣裳をまとっていた。白魔術師は彼に教育を授けてくれた。ある点に至ると、白魔術師は言った、われわれには今や「黒魔術師」が必要であると。黒魔術師が姿を現わす。ところが白い服であった。黒魔術師は、天国の鍵を発見したけれども、その鍵をどうしたらいいのかを知るために、白魔術師の知恵が必要なのだと主張した。明らかにこの夢は、道教哲学で周知のとおりわれわれ西洋風の考え方とはまったく異なった解決を見出した、あの対立問題を含んでいる。この夢が用いている人物たちは、非個人的で集合的なイメージである。この非個人的な宗教的な問題の性質に照応しているわけである。キリスト教的な考え方とは対立的に、この夢は善と悪の相対性を浮き彫りしているが、その方法はすぐさまあの有名な道教のシンボルである陰陽を想起させる。

さて、このような補償から、意識が普遍的問題に迷いこんでゆけばゆくほど、無意識も同じように遠大な補償を提示する、と結論づけてはむろんならない。すなわち――そういう言い方が許されるならば――非個人的な問題との取り組み方には、合法的取り組み方と非合法的取り組み方とがあるのである。そのように足を伸ばすのが合法的なのは、それが奥底からの掛け値なしの個人的要請から出ている場合である。これに対し、そのような遠出がたんなる知的好奇心であるとか、不快な現実からの逃避の試みであるような場合は非合法である。後者の場合に無意識の生み出す補償は、あまりにも人間的でひたすら個人的な補償である。これらの補償は、意識を日常的なものに還元しようという明白な意図を持っている。非合法的に、無限的なものにわれを忘れるような人々は、過剰を押さえようと試みる、しばしば笑わざるをえないほど陳腐な夢を見る。かくしてわれわれは補償という性格から容易に、意識的な努力のまじめさと正当さとを結論づけることができる。

　無意識がいわば「大きな」考えを持つことができるということを想定するのを尻ごみする人々は、たしかに少なくない。「あなたは、無意識がわれわれの西洋的な精神のたぐいをいわば構成的に批判することができる、とほんとうに信じていらっしゃるのですか」と私に異を唱えるであろう。たしかに、この問題を知性的にとらえ、無意識に対し合理主義的な意図を押しつけるならば、馬鹿げた話になってくる。当然ながら、無意識に対しては意識用の心理学を当てはめてはならない。無意識の性向は、本能的なのである。無意識は分化した諸機能を持たない。無意識は考えるといっても、決してわれわれが理解している「考え」と同じやり方ではない。無意識はたんに、意識の状態に答えるイメージをつくり出すだけである。このイメージは、たくさんの観念や感情を含む一切合切である。ただし合理主義的な思慮の所産では決してない。このようなイメージは、むしろ芸術的なヴィジョンと呼ぶことができるであろう。最後に述べた夢の根底にあるような問題は、夢見者の意識のなかにおいても決して知性的な問題ではなく、きわめて情緒的な問題である、ということはともすれば忘れられやすい。倫理的問題は道徳的な人間にとって、情熱的な問題であり、これはきわめて深い欲動過程に根ざしていると同時に、その人の最も理想的な努力にも根ざしている。この問題はその人にとって全身を揺り動かすほど現実的なのである。したがって、彼が自分の奥底からそれに応えたとしても、何の不思議でもない。誰しも自分の心理学こそ万物の尺度なりと思っている。しかし、たまたまうかつにも、そのような問題に気づかないこともある。しかし、その人はそんな事実を気にすることはない。なぜなら、誰でも客観的な出来事をあるがままに受けとめなければならないからで、それを主観的な前提に無理に合わせることはないからである。さて、そのような比較的にゆとりのある、幅の広い性格の人々は、合法的に非個人的問題に感動することがあるように、そのような人々の無意識も同じようなスタイルで答えることがありうる。また、意識が「なぜ善と悪のあいだにこのようなおそるべき葛藤があるのか」という問いかけをなしうるように、無意識もそれにこう答えることもあろう。すなわち、「よく見給え。両方とも互いに相手を必要としている。最善のもののなかにも、いな、まさに最善のもののなかにこそ悪の萌芽がある。善が一つも生じえないほど悪いというものは決してない」と。

一見すると解決不可能とも見えた葛藤も、もしかすると、時間と場所に左右される気分の抱いた偏見かもしれない、ということが夢見者には少しずつわかってゆくようになるであろう。一見したところ複雑な夢イメージも、実はその正体は、何でもない本能的な常識《コモンセンス》であるということもあろう。また、理性的思考に至る序の段なのだということもあるかもしれない。もっと成熟した精神の持主であったならば、その程度の思考は意識の舞台で考えることもできたかもしれないのである。いずれにせよ、中国の哲学はこのような思考をすでになしたのであった。このような思考を奇妙にぴったりしたイメージに造り上げるのは、原始的な、自然のままの精神のみが持つ特権である。この原始的な精神はわれわれすべての者たちのなかに生きており、一面的に発達した意識によってぼかされているにすぎない。無意識によってもたらされた補償をこのような視点から眺めるならば、このような考察方法は、無意識をあまりにも意識の立場から判断しすぎる、と当然非難されることになるだろう。このような問題を考慮するときに、事実私はいつも次のような立場から出発した。つまり無意識は意識的内容にいわばたんに反応するにすぎない、むろんそれも非常に感覚的なやり方によってであり、自分自身のイニシャチヴを欠いている、という立場である。無意識があらゆる場合においていてたんに反応的であるにすぎない、ということを私がほんとうに確信しているかのような印象をよび起こすことは、決して私の意図するところではない。逆に、無意識がたんに自発的であるばかりではなく、主導権を自分のものにすることさえできるということを証明することができそうに思われる体験を非常に多く積んできているのである。ちょっとした無意識に人々がこだわって、とうとうその点でノイローゼになるというケースが無数にある。無意識によってひき起こされたノイローゼによって彼らは、多くの場合彼ら自身の怠惰や絶望的な抵抗にもかかわらず、無気力状態から追い出されてしまう。

これらのケースにおいては、無意識が、いわば考え抜かれた普遍的な計画にしたがってふるまい、一定の目標を狙ってその実現に努力している、と想定するのは当っていないと私は思う。そのような想定を証明しうるようなことは、私は何ひとつ見出していない。原動力となる動因は、そのようなものをとらえることがわれわれに可能である限りとしての話だが、主として自己実現への欲動でしかないように思われる。かりに、普遍的な（目的論的に考えられるべき）計画があるとすれば、まだおびただしい無意識を楽しんでいるすべての個人はおそらく、うちかちがたい衝動によって、より高次の意識化へと駆りたてられるにちがいない。だが、これは明らかにそうではない。無意識性は顕著であるにもかかわらず、ノイローゼにかかるのは全国民層に及ぶというわけではない。このような運命に見舞われる少数者たちはもともと「高度な」人間であり、ただなんらかの理由からあまりにも長く原始的な段階にとどまっていただけである。このような人たちの性質は、そのような性質には不自然な無気力状態にじっとしていることが、長い間には堪えられなくなったのである。意識の狭さのゆえに、そして生存や人生のしがらみゆえに彼らはエネルギーを節約したわけであるが、その節約したエネルギーが無意識のうちに次第に積み重なってゆき、ついにいわば急性のノイローゼの形で爆発したのである。こんな単純な機制《メカニズム》の背後には、当然のことながら「計画」などある必要はない。いともあっさり理解できる自己実現への衝動だけで、これを説明するのに完全に足りるであろう。遅ればせの人格成熟ということもまた言えるかもしれない。

さて、絶対的な意識性の頂点に登りつめるというところからはまだかなりわれわれはへだたっているということが、きわめてありうるように思われる。その限りにおいて、各人はまだまだ今以上に意識化が可能である。それゆえにわれわれはまた、無意識的事象はいつも、到るところで諸内容を意識に近づけるわけであり、それらの諸内容はいったん認められると、意識の容量を大きくするであろう、ということも想定できるのである。このようなやり方で眺めてゆくと、無意識というものは、さながら範囲の定まっていない一経験領域のように見える。もし無意識が意識に対してたんに反応的なものにしかすぎないならば、無意識を心的反映世界と呼ぶのがうってつけであろう。その場合には、あらゆる内容と活動の本質的源泉は意識の領域にあることになるであろう。そして無意識のなかにはもっぱら、せいぜいよくて意識的内容のゆがんだ映像以外の何物も見つからないであろう。創造的過程は意識の領域のなかに含まれることになろう。一切の新しいことは、意識的な発明や考案以外の何物でもないということになろう。経験上の事実はそれと反対のことを物語っている。創造的な人間ならだれでも、知らず知らずということが創造的思考の本質的特性であることを知っている。無意識がたんに反応的な反映ではなく、自立的な生産的な活動であるように、無意識の経験領域は独自の世界、独自の現実である。われわれがその世界に働きかけるように、その世界がわれわれに働きかけるということ、つまり外的世界という経験領域についてわれわれが言うのと同じことを、この無意識という世界についてわれわれは言うことができる。そして外的世界においては物質的対象がこの世界を構成する要素であるように、心的諸因子がこの無意識世界の対象なのである。

心的対象性という考えは、決して新しい発見ではない。むしろ人類の最古からの、最も普遍的な

「共有財産」の一つなのである。つまり、具体的に存在する霊界というものに対する確信なのである。霊界は、たとえば木材をうがって火をおこすというような発明ではむろんなかった。物質世界の現実にいかなる点でもひけをとることのない一現実の体験ないし意識化であった。「魔術的効果」や「魔術的実体」を知らない未開人がそもそもいるか、私は疑わしく思う（「魔術的」ということはたんに心的ということを他の言葉で言いかえたにすぎない）。また、ほとんど全員といっていいほど心霊の実在を知っているように思われる。[1] 「心霊《ガイスト》」は心的一事実である。われわれ自身の身体と他の人々の身体を区別するように、未開人は（そもそも「魂《ゼーレ》」なるものを彼らが知っているとすれば）自分たちの魂と心霊を区別する。その場合、心霊は見知らぬもの、自分たちの一部を成すものでないものとして感得されるのである。心霊は外的な知覚の対象である。一方、自分自身の魂は（あるいは魂がいくつか考えられる場合にはさまざまの魂のうちの一つは）、心霊に本質的に近いものとして理解されるが、通常はいわゆる感覚的知覚の対象とはならない。魂は（あるいはさまざまな魂のうちの一つは）、死後に心霊となり、その死者より生きのびる。しかもしばしば性格的[2]に悪くなることがある。これは個人的不滅の考えには一部矛盾するところである。バタク人たちはそれ

1 否定的な諸報告にあっては、いつも次のような事実が考えられうる。つまり、幽霊に対する恐怖が場合によってはあまりにも大きいために、幽霊への恐怖を持っていることすら否定する人々がいる、という事実である。私はみずからこの事実を、エルゴン原住民のあいだで見てきた。

2 ヴァルネッケ『バタク人の宗教』

どころか、生前よかった人間たちが心霊となって悪を欲し、危険化するとさえいうのである。心霊が生者のために演じる悪ふざけについて未開人たちの語るほとんどすべてのこと、「再来せる霊《レヴェナン》」について未開人たちの展開するイメージがそもそも、こまごました点にいたるまで、心霊術体験が確認した現象に照応する。そして心霊術の「心霊」の報告が、心的な諸部分の活動があることを認めさせるように、未開人の心霊も無意識的コンプレクスの表明なのである。現代心理学によれば、「両親コンプレクス」は重要なものとみなされているけれども、実はそれも、両親の霊の持つ危険な影響力についての原始的体験から直接尾を引いているものである。心霊は外的世界の現実である、という軽はずみな考えによって未開人たちが犯している間違った判断すら、現実の両親が両親コンプレクスに責任を負っているとするわれわれの（ごく部分的にしか正しくない）考えにも引き継がれているのである。フロイトの精神分析の古い夢理論のなかで、それどころかそのあとでも、この考えが科学的説明として通用していたのであった（この曖昧さを避けるために、私は「両親イマーゴ」という表現を用いることを提案した）。

素朴な人間にはむろん意識されてはいないが、その人に直接に影響を与える最も身近の人々がその人のなかに一つのイメージをつくり出す。そのイメージは部分的にしか身近の人々と重ならない。他の部分は、主体自身に由来する素材からつくられている。このイマーゴなるものは、両親のいろいろな影響や子供の特有な反応から成り立っている。したがってイマーゴは、対象をごく条件つきでしか再生しないイメージである。素朴な人間は、両親とは自分が見ているとおりの人間である、とむろん信じこんでいる。両親のイメージは無意識的に投影されている。そして両親が死んでも、投影されたイメージは、あたかもそれ自体で存在している心霊であるかのように生きつづける。原始人たちに言わせると、それは夜になってもどってくる両親の霊（「再来せる霊《レヴェナン》」）であり、現代人はこれを父親もしくは母親コンプレクスと呼ぶ。

一人の人間の意識野が制限されればされるほど、それだけますます心的内容（「イマーギネス」）は、ほぼ外部に心霊としてか、あるいは生者（魔法使い、魔女）に投影されている魔術的潜在力として現われる。すでに魂という考え方を持つ、ある程度高度の発展段階においては、もっぱらすべてのイマーギネスが投影されているわけではなく（――もしそうだとすれば、木々や石までが互いに話をかわす――）、甲なり乙なりのコンプレクスは、少なくとももはや奇異には感じられないで、むしろ自分の一部と受け取られるくらいまで意識に接近しているのである。しかしながら、この帰属感情はさしあたっては、当該のコンプレクスが主体的な意識内容と感じられるほどには至っていない。このコンプレクスはいわば意識と無意識とのあいだにあり、言ってみれば半陰影のなかにあるのであり、一面では意識の主体に帰属しているか、あるいは身近ではあるものの、他面自律的存在であり、自律的存在として意識に立ち向かうわけである。いずれにせよ、主体的な意図に必ずしも従うわけではなく、それどころかあるいは主体の意図の上位に位置し、しばしばインスピレーションや警告や「超自然的」告知の源泉なのである。心理学的にはそのような内容は、意識にまだ完全に統一されていない、部分的に自律的なコンプレクスだと説明されうる。原始的な魂、エジプトのバーとカー（「バー」はエジプト宗教における霊魂で、人間の頭を持つ鳥の姿がシンボル。「カー」は誕生とともにその肉体に宿り、死後も生きつづけると信じられていた霊的存在。）は、そのようなコンプレクスである。より高次の段階において、そして特にすべての西欧の文明人種にあっては、このコンプレクスはつねに女性名詞なのであるが（アニマとψυχή＝プシケー）、おそらく深くて重要な理由がないわけではあるまい。

第二章　アニマとアニムス

考えられうる心霊のなかでは、両親の心霊が実際的にはいちばん重要なものである。だからこそ、世界的に広がっている祖先崇拝というものがあるのであり、これはもとはといえば「再来せる霊《レヴェナン》」をなだめるのに用いられたのだが、高次の段階ではきわめて道徳的で教育的な制度となった（中国の場合！）。子供にとって両親は、いちばん身近で、いちばん影響力を持った身内である。ところが年齢が大きくなるうちに、この影響に亀裂が生じる。したがって両親イマーギネスは、おそらくは意識にますます押しのけられ、そののちのちにまでおよび、ひょっとすると抑制的でさえある影響ゆえに、ともすればネガティヴな徴候を保持しやすい。このようにして両親イマーギネスは、異質なものとして心的な「外部」にとどまることになる。ところでそのあと成人男性にとって、両親に代って直接的な周辺からの影響として立ち現われるのは、それは女性である。女性は男性につき従い、男性の所有となる。いっしょに生活し、おおよそ同じ年齢層である限りの話である。女性は上位に位置しない。年齢の点でも、権威の点でも、肉体的な力の点でも。しかし女性は、影響力の大なる因子なのである。両親のように、比較的に自律性を有するイマーゴを生み出す。ただそのイマーゴは、両親イマーゴのように分裂することはなく、むしろ意識に結びついた形で維持されるのである。女性は男性とはまったく似ていない心理を持っているために、男性が全然注意を払わないような事柄について啓蒙してくれる源泉である（し、これまでつねに、そうであった）。女性は男性にとってインスピレーションを意味することもある。男性をしばしば凌駕する女性の予知能力は、男性にとって必要な警告を与えることもある。個人的なものに対して発揮される女性の感情は、個人的なものにはあまり関心を寄せぬ男性の感情が発見できないようないろいろな道を示すことができる。タキトゥスがゲルマン女性について言っていることは、この点に関してはまったく当を得ている。

ここに紛うかたなく、魂《ゼーレ》の女性的特質にとっての主要源泉の一つがある。しかし、これが唯一の源泉であるとは思われない。つまり、どんな男性も決して男性一辺倒ではなく、自分のなかに女性的なものを持っているものである。いや、むしろ事実はこうである。まさしく非常に男性的な男性こそ（むろん十分に護られ隠されてはいるものの）、きわめて「軟弱な」（しばしば不当にも「女性的な」と言われるが）感情生活を営んでいるのである。男性にとっては、女性的特徴をできるかぎり抑圧することが美徳とされている。ちょうど女性にとって、男まさりの女であることが、少なくともこれまでは、ためにならないこととされていたのと同じである。女性的な特徴や傾向の抑圧は、むろんかかる欲求の無意識内における堆積を招来する。同じように女性のイマーゴ（魂《ゼーレ》）も、かかる欲求の貯蔵用容器となる。だからこそ男性が恋人選びにあたって、特殊な自分自身の無意識的な女性的特質にいちばんぴったりの女性を獲得しようとする誘惑に負けてしまうことが多いのである。すなわち、彼の魂《ゼーレ》の投影をできる限りためらわずに受け入れることのできる女性を選ぶわけである。このような選択はしばしば理想のケースとみなされたり、思われたりする。ところがこのようにして選んだ結婚相手が、明らかにその男性自身の最悪の弱点ということも同じようにありうる（これで多くのきわめて奇妙な組合せの結婚の説明もつくであろう）。

さて、女性の影響とならんで、男性自身の持つ女性らしさも、魂《ゼーレ》コンプレクスの女性らしさの事実を説明するもののように私には思われる。これは、たとえばドイツ語において「太陽《ゾンネ》」が女性名詞であるのに、他の国語では男性名詞であるといったたぐいの、たんなる言語上の「偶然」の問題ではない。それについては、古今の芸術の示す証拠をわれわれは持っている――さらに加うるに、かの有名な問い、「女性は精神を有せるものなり《ハーベット・ムリール・アニマム》や」がある。そもそも心理学的知見を持っている男性ならたいてい、ライダー・ハガードが「服従さるべき彼女」について語る場合に何を言わんとしているのか、おそらくわかるであろう。また、ブノワのアンティネアの描写を読めば、自分の琴線のどこに触れるか、おそらくわかるであろう。また、このひそかな、しかししばしば余りにもはっきりと予感される事実をどんな種類の女性がいちばん早く体現するか、そのような男性たちはいつも容易に知るのである。

このような諸作品が世間に広く好評を博しているということは、とりもなおさず、女性のアニマのこのようなイメージには何か超個人的なものがあるにちがいないということを示唆している。つまり、たんに個人的な独自性にはかない存在を負うているというのではなくて、むしろ一つの典型的なものであるような何かがあるにちがいない。私が指摘したたんなる目に見える表面上の結合よりも、もっと深い根をどこかに持っているような何かがあるにちがいないのである。ライダー・ハガード(1)もブノア(2)もそれぞれのアニマ像の歴史的面のなかで、このような予感を明白に表現している。

周知の通り、主体の側の準備が加わらないと、人間の経験というものはありえないし、経験というものがそもそも可能でない。その主体の側の準備の本質はどこにあるのだろうか。まず第一に生れついての心的な構造のなかにある。それが人間に、そもそもかかる体験をするよう許すのである。こうして男性という全存在は、女性を前提とする。肉体的にも、精神的にもである。男性の体系は先験的《ア・プリオリ》に女性というものに向けられている。水や光や空気や塩や炭水化物などなどがある一定の世界に対して準備されているのと、まったく同じである。男性が生れてきた世界の形式は、男性にすでに潜在像として生れつきそなわっている。だから、両親も女性も子供も誕生も死も、彼には潜在像として、心的に準備されていたものとして、生れつきそなわっているわけである。このような先験的なカテゴリーはむろん集合的な性格を持っている。それは一般的な両親や女性や子供についてのイメージであり、おそらく個人的な宿命ではないであろう。それゆえにまたこれらのイメージは内容のないもの、したがって無意識的なものと考えられもする。これらのイメージが内容を獲得し、影響を及ぼし、そして結局は意識の領域に到達するのは、まずそれらが経験的な事実にぶつかり、その事実が無意識的準備に触れ、生命をよみがえらせてからのことである。これらのイメージはある意味では、祖先伝来の全体験の沈澱物であるが、しかしかかる体験そのものではない。少なくとも、われわれの目下の限られた知識ではそのように見える（記憶されたイメージの継承についての確たる証拠をまだ見出してはいないことを、私は打明けておかねばならない。しかし私は、個人的なものは一切含まない集合的な沈澱物とならんで、個人的な記憶の継承も起こりうる、ということが絶対ないなどとは考えていない）。

男性の無意識のなかには、女性についての遺伝された集合的なイメージがある。そのイメージの助けを借りて、男性は女性の本質をつかむ。この生れながら継承した女性イメージは、魂《ゼーレ》の女性的特質の三番目に重要な源泉である。

読者諸賢にはすでにおわかりいただけたであろうが、これは決して魂《ゼーレ》の哲学的概念であるとか、宗教的概念というのではない。部分的に自律的機能を持つ半意識的な心的コンプレクスの存在についての、心理学的認知なのである。むろんこのような確認は、魂《ゼーレ》の哲学的概念ないし宗教的概念と大いに関係があるし、あるいはほとんど関係がないともいえる。それは心理学が哲学や宗教と大いに関係があり、また関係がないのとまったく同じことである。私はここで「学部間のセクト争い」などをする気は毛頭ない。哲学者や神学者に、彼らが「魂《ゼーレ》」という場合に頭のなかで考えているも

1　『彼女』〔邦訳名『洞窟の女王』・訳注〕
2　『ラトランティッド』

のがもともと何であるか、それを証明してみたいと思うだけである。ただし、心理学者は「魂《ゼーレ》」をかくかくしかじかと解すべきであると彼らが押しつけようとするのならば、それは拒否せざるをえない。宗教によってきわめて好んで魂《ゼーレ》に付与される個人的不死という性質は、科学にとっては、自律という概念のなかにすでに含まれているところの一心理学的徴候以上のものではないのである。まして、個人的な不死という性質は、未開人の考える魂に決していつもくっついていたわけではない。まして、不死そのものともなれば、全然なかったのである。科学とは無縁のこの見方はさておき、「不死」とはまずたんに、意識の境界を踏み越える心的な活動を意味するにすぎない。「墓場の向こう、あるいは死の彼岸」は、心理学的には「意識の彼岸」ということを意味する。それ以外はまったく意味しえない。というのも、不死を云々するのは、つねに生きた人間だけであり、生きた人間は生きている者としていずれにしろ、「墓場の向こう」という状況から語るという状態に置かれてはいないからである。

魂《ゼーレ》コンプレクスの自律性は、目に見えない個人的な存在という考え方を支えてくれる。この存在は、見たところわれわれの世界とはちがった世界に住んでいるようである。したがって魂の活動が、一見したところわれわれのはかない肉体性とは結びついていない自立的な一存在の活動とみなされる限り、そのような存在がそもそもそれ自体として存在する、おそらく不可視の事物の世界に存在するという考え方が、ともすれば生じやすい。むろん、この自立的存在の不可視性が同時にその存在の不滅性を意味することになる、ということがあっさり認められるわけではない。不死という性質は、その起源をおそらく別の、すでに述べた事実のおかげだとすべきであろう。すなわち魂の本来的な、歴史的な面のおかげなのである。ライダー・ハガードはおそらくこのような性格についての最良の叙述の一つを『彼女』においてしているのではあるまいか。内面化による前進的な完成への努力とともに昔の顕現への想起が立ち現われる、と仏教で言う場合、おそらく同じような心理学的事実を指しているのであろう。むろん仏教の場合には、歴史的な因子を魂《ゼーレ》のためではなく、自己のために献げているというちがいはある。さて、魂は不死であると感情的に（そして伝統的に）してしまうこと、いずれにしても魂を自我とは区別すること、その女性的性質によってもやはり自我とはわけられていること、これは従来の、あくまでも外向的な西欧的な精神態度にまったく照応する。われわれの場合、これまでないがしろにされてきた内向的な精神文化の深化によって、東洋的な精神の持ち方に接近するような変化がおこなわれるならば、それはまったく論理的であるといえよう。それによって、不死という性質も魂（アニマ）というあいまいな像から本来的自己へと移されることになる。精神的な、不死の像を内面に位置づける（むろん、補償と自己調節の目的のために）のは、もともと外面的、物質的客体の過大評価に他ならない。実際のところ、歴史的因子はたんに女性的なものの元型のみならず、あらゆる元型に、つまり、精神的なもの肉体的なものの区別なく、あらゆる継承物に付着しているのである。われわれの生命というものは不変であり、永劫の昔から変らない。いずれにせよわれわれの心のなかには移ろいゆくものはない。なぜなら、何十万年このかた人間の身に生じてきた同じ生理的、心理的プロセスが相も変らず続いてゆき、内面の感情に、生あるものの「永遠の」持続というきわめて深い予感を与えるからである。われわれの生命の体系の総体としてのわれわれの本来的自己は、すべての生きられた生の沈澱物と総和を含むばかりではない。一切の未来の生の出発点であり、可能性をはらんだ母なる大地である。内面感情には歴史的局面と同じように、この未来の生の前もっての予感も明白に与えられているのである。このような心理学的基盤から不死の理念も合法的に生じるわけである。

東洋の考え方には、われわれがここで定めたようなアニマ概念はない。したがって論理的に当然ながら、ペルソナ概念もない。これは決して偶然とはいえまい。というのは、すでに示唆したとおり、ペルソナとアニマとのあいだには補償関係があるからである。

ペルソナは個人的意識と社会とのあいだの複雑な関係体系である。一種の仮面だといえば、ぴったりするであろう。この仮面は一方では他人に対して一定の印象を与えることを狙いとしており、他方では個人の真の性質を隠そうとしている。ほんとうの個人の姿を隠すのが余計だと主張できるのは、自分のペルソナと自分が同一化していて自分自身がもはやわからなくなってしまっている人に限られる。他人に一定の印象を与えるのは不要だと思いこむことができるのは、自分の周囲の人人の真の性質を知らない人に限られる。個人が自分に与えられた役をできるかぎり完璧にこなすこと、したがって牧師である人は、客観的に自分の役職上の機能を果たすばかりではなく、いついかなる時でも、いかなる状況にあっても、牧師という役をためらわずに演じること、そのことを社会は期待している。そう各個人に対し期待せざるをえないのである。社会はこのことを、一種の安全性として要求する。一人一人が自分の持ち場についていなければならぬ。ある者は靴屋、ある者は詩人である。一人で二役を兼ねることは、期待されていない。両方ともであるというのは、賢明なことではない。なぜなら、そんなことはちょっと胡散臭く感じられるからである。二足のわらじを履く人は、他の人々とは「ちがっている」ということになろう。全幅の信頼が寄せられないのである。学問の世界では、そのような人間は「ディレッタント」扱いとなろう。政治の世界では「あてにならない」分子、宗教の世界では「自由信仰主義者」ということになろう。要するに、不信の念と不十分だとする疑惑とが彼にはかかってくるであろう。なぜなら社会というものは、ついでに詩人を兼ねているのではない靴屋専門の靴屋のみが、専門家として申し分のない靴をつくるのだ、と確信しているからである。個人的な外見の一義性は、実際に重要な事柄なのである。なぜならば、社会に唯一者として知られている平均人間は、一つの事柄に頭を集中していないと、有能なことはなしえないからであり、二兎を追うというのは平均的人間には荷が勝ちすぎるだろうからである。われわれの社会は、明らかにそのような理想を目標にしている。したがって、ひとかどの者になろうとする人間ならだれでも、このような期待を顧慮せざるをえないのは、なんの不思議もない。むろん個人として、このような期待を完全にこなせる者はだれもいないであろう。そこで人工的な人格の組み立てがどうしても必要となる。行儀のよさ、良俗への要求がこれに一枚加わり、仮面入手の動機づけとなる。こうなると仮面の背後に、「私生活」と呼ばれるものが生れることになる。このようないやというくらいよく知られた、時には滑稽きわまりないこともあるほど異なった二つの人物像への意識の分割は、思い切った心理学的な操作であって、無意識に対していろいろな結果を残さずにはいられない。

集合的に適合したペルソナを形成することは、外界に対するたいへんな譲歩を意味する。それは自我を仮借なくペルソナとの同一化に追いこむ真の自己犠牲である。その結果、自分が表現しているものこそ自分に他ならないと信じこんでしまう人々が、実際にいることになる。このような根本態度の「魂喪失」は、しかしながら見かけのことだけにしかすぎない。無意識はどんな場合でも、そのような重心移動には堪えられないからである。このようなケースを批判的に眺めてゆくと、すぐれた仮面は内側で「私生活」によって補償されていることを、われわれは発見する。敬虔なるドラモンド（ヘンリイ・ドラモンド（一八五一―一八九七）英国の聖職者・著述家。）は歎いている、「不機嫌は敬虔なる人々の悪徳である」と。むろん、あまりにも立派な人物をつくり上げる人は、その見返りとしていらいらした気分を持つようになる。ビスマルクにはヒステリー性の啼泣痙攣があったし、ワーグナーは絹のガウンの紐をもてあそぶ癖を持っていた。ニーチェは「親愛なるラマ」に手紙を書くのが常だったし、ゲーテはエッカーマンと話をするのだった、などなど。しかし、ヒーローたちの犯す月並な「失策」よりも、もっと老獪な手口もある。かつて私は尊敬すべき一男性と知り合った――なんのためらいもなく聖者と呼べるような人物であった――三日間その人物と接して、どこにも人間的弱点を見出すことができなかった。私の劣等感は危険にさらされた。自分を改めようと、大まじめに私は考えはじめていた。その矢先の四日目、奥さんが私の診察を求めた……その後、これに似たことはお目にかかっていない。しかしこの体験から私は次のようなことを学びとった。自分のペルソナと一体化してしまう人は、妨げになるものはすべて、自分の奥さんを通じて表現させることもありうるのである。奥さんのほうはそれに気づいていない。だが彼女は、その自己犠牲を重いノイローゼという形で支払うのである。

このような社会的役割との同一化こそは、そもそもおびただしいノイローゼの原因なのである。そう人工的な人格のために、罰も受けずに自分自身を処理するわけにはゆかないのである。そうしようしようとする試みがすでに、すべての通常のケースで無意識的反応をひき起こす。不機嫌、情緒不安定、不安、強迫観念、脆弱、悪徳などである。社会的に「強い男性」が、「私生活」にあって自分自身の感情面に相対するとまるで子供同然ということはよくある。そのような男性の公けの信条（それをとくに他人に対して要求するのだが）は、個人的には無惨にもそこなわれてしまう。彼の「仕事の楽しみ」も家に帰ると、仏張面をひっさげる。「すきのない」表向きの彼のモラルも仮面の背後では、驚くべき様相を呈している――われわれは行為を云々するのではなく、たんに頭の中の空想のことを言っているのである。そのような男性諸氏の奥さんがたはいろいろと語るべきことをお持ちであろう。自分を投げうった彼の利他主義――しかし、彼の子供たちは別の見解を持っている。

世間が個人を仮面との一体化のためにおびき出す度合に応じて、個人はまた内部からの働きかけにも身をゆだねる。「高は低の上にあり」と老子は言っている。内部から反対のものが湧き起こってくる。それはあたかも、自我がペルソナに引き寄せられるのと同じ力で無意識が自我を押さえつけているとでもいうかのようである。外部における、つまりペルソナの誘惑に対する無抵抗は、内部における、つまり無意識の影響に対する同じような弱さを意味する。外部では影響力を持った強い役割が演じられ、内部では無意識の全影響に対する柔弱な弱さが育てられてゆく。情緒、機嫌、臆病、それのみか女性化した性生活（頂点は性的不能）が次第に優位を占めるにいたる。

ペルソナ、すなわちそうあるべきだという男性の理想像は内面では女性的な弱さに補償される。個人は外面では強い男性を演じ、内面では女性に、アニマ(1)になる。なぜならペルソナに立ち向かうのはアニマだからである。ところが、内面世界は外向的な意識にとっては暗くて見えないし、加えて自分がペルソナと同一化していればいるほど自分の弱点を考えられなくなるので、ペルソナの対立物、すなわちアニマもまったく暗闇のなかにあり、したがって最初は投影される。それによって主役は自分の奥さんの尻にしかれることになる。奥さんの権力増大が著しいと、奥さんは彼が堪えがたくなる。彼女は劣等的になる。それとともに、男性にとって歓迎すべき証拠、つまり主役たる自分が「私生活」において劣等的なのではなく、劣等的なのは自分の妻であるという証拠がもたらされることとなる。その代りに奥さんの方は、多くの女性にとってきわめて魅力的な錯覚、少なくとも主役と結婚したのだという錯覚を抱くわけであって、自分自身の無用無能ぶりは一向に意に介さない。かかる錯覚の一幕を人はしばしば「生活内容」と呼ぶ。

さて個性化、自己実現という目的のためには、ほんとうの自分と、自分が自分や他者にどのように見えるかということとを区別するのが不可欠である。同じ目的のために、また無意識に対する自分の見えない関係体系、すなわちアニマを意識して、自分とアニマとを区別することができるようになるのが必要である。無意識的なものと自分とは区別することができない。ペルソナの問題においては、自分と自分の役職とが二つの異なったものであるということを明らかにするのは、むろん容易である。それに反して、アニマと自分との区別はなかなかつけがたい。しかもアニマが目に見えるものではないから、それだけむずかしい。そう、それどころか最初は、内面から生じるものはすべて最も固有の本質的基盤に由来するという偏見を抱きさえする。「強い男」は、自分は実際に「私生活」において情ないほどにだらしがないということを、われわれに対し認めるであろう。そしてまさにこの自分の弱さと自分とは切っても切れないものだ、と言うであろう。むろん、このような傾向に、軽んずべからざる一つの文化上の祖先伝来の遺産がひそんではいる。すなわち、この強い男性が、もし、自分の理想的なペルソナはこれに負けず劣らず理想的なアニマに対して責任があるというふうな言い方をしたとすれば、結局、その男性の両方の理想がぐらついてしまうことになるからである。つまり、世界があやふやなものになってしまう。なによりも彼自身があやふやになってしまう。優れたものについての疑惑に彼はおそわれる。いや、もっと始末が悪い。自分の優れた意図についての疑惑が生じる。優れた意図というわれわれの最も私的な理念が、どんなに有力

1　この概念の定義については、拙著『心理学的類型』（チューリヒ、ラッシャー社）の定義に関する章を参照のこと。

な歴史的な諸前提と結びついているものか。その点を考えに入れると、次のようなことが納得できるであろう。すなわち従来のわれわれの世界観からすれば、個人的な弱点があると自分からシャッポをぬぐほうが、理想をぐらつかせてしまうよりもまだ楽なのだということが。

さてしかしながら、無意識的な因子は、社会の生活を規定する因数と同じように決定因子として働くし、また両者とも集合的である。したがって、私が欲するものと、私に無意識の側から押しつけられるものとを区別することを、私はよく学びとることができる。また、私の役職が私に要請するものは何か、そして私が望むものは何か、それを私は見てとることができる。最初はむろん、内側と外側からの互いに矛盾しあう要求だけしか把握できない。前門の狼、後門の虎とでもいうかのように、自我はそのあいだに立っている。たいてい外部からの要求と内部からの要求に弄ばれるたんなる毬以上の存在ではないこの自我に対して、なかなか規定するのがむずかしい、法廷とでもいうべきものがある。絶対に私としては、いかがわしい名称である「良心」という語をこれに当てたくはない。この語自体は、うまくゆけばその法廷なるものをおそらく見事に言い表わすのであろうが。われわれの場合、「良心」がどうなったか、シュピッテラーがすぐれたユーモアをもって描いている。この意味に近似の名称を付与するのは、それゆえできる限り避けるべきである。内と外とのあの悲劇的対立劇（ヨブ記と『ファウスト』に神の賭けとして描かれている）は、結局のところは生《レーベン》というプロセスのエネルギー活動である、自己規定に不可欠な対立緊張である、というふうに想像するのがどうやらよさそうである。これらの対立的な力こそ、外見や意図においてどんなに異なろうとも、所詮は個人の生命《レーベン》を意味し、個人の生命を欲しているのである。それを秤りの中央として、そのまわりを対立的な力は揺れ動いているわけである。まさに互いに関連し合っているゆえに、中間をとるような意図において、これらの力は統合されることになる。このような意図は、いわば必然的に個人から任意であろうとあるまいと生れてくるものであり、それゆえに個人によって予感されるものである。これこそはかくあるべきである、あるかもしれぬという感情を人は持っている。この予感から逸脱することは、邪道、錯誤、病気に他ならない。

「ペルソナ」という語から、われわれが現代において使用している概念「個人的《ペルゼーンリヒ》」および「人《ペルゼーン》格《リヒカイト》」が生れているのは、決して偶然とはいえないであろう。私の自我について、これは個人的であるとか一人格であると、私は主張することができる。同様に、私のペルソナについても、これは私が少なくとも同一化している一人格であるということができるわけである。そうなると結局二つの人格を私が持っているという事実も、決して奇異なことではない。おのおの自律的コンプレクス、ないしは相対的にしか自律的でないコンプレクスが、人格としてか、もしくは擬人化されて現われるという特性を持っているからである。これを最もたやすく観察できるのは、自動筆記などといったいわゆる心霊術現象の場合であろう。生み出される文章はきまって個人的な陳述であり、個人的な一人称形式で述べられる。あたかもそれぞれの発表された文章断片の背後に、一個の人格がいるかのようである。したがって素朴な頭だと、すぐさま心霊がいると考えざるをえない。似たようなことが精神病患者の幻覚にも見出されることは周知のとおりである。後者の幻覚のほうが、前者のたんなる思考や思考断片よりもずっと明確である。意識的人格と思考との連関は、しばしばだれでもただちに見てとることが可能である。

相対的に自律的なコンプレクスは、直接的に人格化されるという傾向がある。この傾向があるからこそ、なぜペルソナが「人格的」な形をとって現われるか、説明がつく。その結果、自我がともすれば、どれが自分の「真」の人格なのやらとまどう羽目にもなる。

ペルソナに、そしてすべての自律的コンプレクスにあてはまるのと同じことが、アニマにもそっくりあてはまる――アニマも同じように一人格である。この理由からして、アニマもきわめて容易に一人の女性に投影される。言い換えると、アニマは――無意識的である限りにおいて――つねに投影されている。なぜならすべての無意識的なるものは投影されているからである。この心のイメージの最初の担い手となる女性は、おそらく母親ときまっているであろう。そのあとは、肯定的な意味であれ否定的な意味であれ、男性の感情を刺激する女性たちということになる。母親が心のイメージの最初の担い手であるために、母親からの離脱はきわめて高度な教育的な意味を持ったデリケートで重要な事柄なのである。だからすでに未開民族のあいだでも、この離脱を組織化する多数の儀式が見出される。母親からの離脱(およびそれと同時に幼少時代からの離脱)を有効になしとげるためには、たんに成人して表面的に別れるというのでは不十分であり、まったく特別な断固たる元服式典と新生儀式を必要とする。

父親が外界の危険に対する保護として作用し、そうすることによって息子にとってペルソナの模範的イメージとなるように、母親も息子にとって、魂の暗闇から迫ってくる危険に対する保護なのである。元服の式典で成年となるべき人物は、したがって彼岸の事柄について教えを受ける。これによって、母親の保護がなくともすむ状態に彼は移されることとなる。

現代の文明人は、このような大いに原始的だとはいえ、根底においてすぐれた教育措置を持っていない。その結果、アニマは母親イマーゴという形で、自分の奥さんに移行する。その結果はどうなるか。男性は結婚するとたちまち、子供っぽくなったり、センチメンタルになったり、依存的になったり、屈従的になるか、それとも別の場合には、がみがみ屋で、暴君的で、怒りっぽくて、自分の優越した男らしさの威信をいつも気にしている。後者はむろん、前者の裏がえしにしかすぎぬ。母親が意味してくれていた無意識に対する保護の代りは、現代人にはない。だから結婚生活の理想を無意識のうちに現代人はつくり上げて、妻が場合によっては魔術的な母親役を引き受けざるをえないようにしている。理想的に排他的な結婚生活にかこつけて、結局のところ彼は母親のもとで保護を求めるのであり、妻の所有本能に誘惑されてしまう。暗い移り気な無意識に対する彼の不安は、妻に違法な力を付与し、結婚生活を「親密な共同体」にしてしまう。そのため、結婚生活は内的緊張から、四六時中ひびが入る危険にさらされる。それとも彼が抗議しようと反対の行動に出て、結果は同一となる。

私見によれば、ある種の現代人にとっては、ペルソナとの違いのみならず、アニマとの違いを認識する必要性がある。われわれの意識は主として——西欧風様式に照応して——外部に向けられるので、内側の事物は闇のなかに置かれたままである。その困難は、しかし容易に克服することができる。すなわち、外部ではなく、ただ私生活においてのみ現われる心的素材を、同じような集中力と批判精神をもって眺めるようにすればいい。このような裏面を恥しがって口外しないことに人は慣れてしまっている（もしかすると、自分自身の妻に愛想をつかされるかもしれないと、妻に対し戦々兢々としていることすらある）。いったん見つかれば、頭をかきかき自分の「弱点」を白状する。だから、唯一の教育方法は、弱点をできる限り抑えたり、抑圧したり、少なくとも世間には隠すようにすること、それが通り相場になっている。しかし、こんなことをしてみても始まらないのである。

われわれが本当にしなければならないことを説明するには、おそらくペルソナの例をとるのがいちばんいいであろう。ペルソナの場合にはすべてが見えるし、明瞭である。ところがアニマの場合は、われわれ西洋人にとってはすべてがあいまいなのである。アニマはやや度を過ぎた場合には、意識の抱く優れた意図を妨げ、輝かしいペルソナとはまったく裏腹の私生活のきっかけとなる。これはペルソナのことを何も知らない素朴な人間が世間に出てたいへん痛い目にあうのと、まったく同じことなのである。発達したペルソナを持たない人々はいる——「ヨーロッパ人の虚礼を知らないカナダ人たち」——。このような人たちは、社会的な「へま」をやらかしては、また無器用にへまを重ねる。まったく害を与えるわけでもなく、無邪気一本やりなのである。情を持った退屈人間、ほろりとさせるような幼児的人間と言おうか。あるいはまた——女性の場合——要領が悪いために恐れられている今様《いまよう》カサンドラ、つまり、永遠に誤解されつづけの女たち。彼女らは自分が何をしているかがわかっていなくて、そのためいつも許しを乞うことを前提としている。世界を見るということをしないで、たんに夢見ているにしかすぎない女性たち。これらのケースを手掛かりにして、なおざりにされたペルソナがどのような影響を与えるか、弊害を除くにはどうしなければならないかが、われわれにはわかるのである。このような人々が、あらゆる幻滅や苦しみ、見苦しい場面や乱暴を避けうる道はただ一つしかない。つまり、世間ではどのようにふるまうべきかを見抜くことを彼らが学ぶことをおいて、他に道はない。社会が何を自分たちに期待しているか、理解することを学ばねばならない。自分たちよりはるかに卓越した因子や人物が世間には存在する、ということを彼らは悟らなければならない。自分たちがすることが他者に対しどんなことを意味するのか、などなどを知らなければならない。これはむろん、自分のペルソナをそれ相応に発達せしめた人にとっては、いわば幼児学校の学習計画にしかすぎない。さてハンドルをぐるりとまわして、立派なペルソナを持っている男性をアニマと対置させ、比較のためにペルソナを持たない男性を持ってきてみよう。そうすると、ペルソナを持たない男性がアニマやアニマに関係した事柄については、消息に通じていることがわかる。それはちょうど、立派なペルソナを持った男性が世間について精通しているのと同じである。両者が自分たちの知識をふりまわすとき、いかにも本物らしく見えようとも、むろんそれが誤った用い方だということはありうる。

ペルソナをそなえた男性にとっては、内面的現実が実在するという見方は少しも理解できない。

これは、ペルソナを持たぬ男性にとって、世間という現実がそうであるのと変らない。ペルソナを持たぬ男性にとって世間は楽しい遊び場、あるいは空想的な遊び場という価値しか持たない。しかし、内面的現実という事実と、それを無条件に認めることは、むろんアニマ問題をまじめに受け取るにあたっての不可欠条件なのである。かりに、私にとっては外面世界が、たんに幻にしかすぎないとしよう。その場合、どうして私はまじめに努力して、外界に対する複雑な関連体系や適応体系をととのえることなどできよう。同じように、この「幻想以外の何ものでもない」という見方は、私のアニマ表出は馬鹿げた弱味の表れ以上の意味があるのだ、と私が考えるよう仕向けてくれることなど絶対にないのではあるまいか。しかし、世界は外にあると同時に内にもある、現実は外面にも内面にも当然帰属するという見方を私がするならば、内面から出てくる妨害や不十分さを当然のことながら内面世界の諸条件に対する不完全な適応の徴候とみなさざるをえない。無邪気な人間が世間で受ける平手打ちが、道徳的抑圧で癒されることがないように、自分の「弱点」を弱点として諦めて記帳したところで、なんの役にも立たない。ここに意思が、理解が関与しうる根拠、意図、効果がある。たとえば、あの「欠点一つない」紳士で社会慈善家をとりあげてみよう。この男性は妻子から、癇癪持ちで不機嫌を爆発させるために恐れられている。このようなケースで、アニマはどのようにふるまうのだろうか。

事態を成り行きに任せてしまえば、それはすぐにわかる。妻も子供たちも彼と疎遠になる。この男のまわりに真空な空間が形づくられる。彼は最初のうちは、家族の無情を嘆き、あるいは以前にもましてひどい態度に出るかもしれない。それによって、疎遠な関係は絶対的なものとなる。さて彼がすっかり正気を失ったわけでなければ、しばらくすると彼は自分の孤立に気づくであろう。孤独のなかで、何によって自分がこのような離別をひき起こしたかを理解しはじめることであろう。もしかすると、彼はびっくりしてこう自分にたずねるかもしれない、「どんなデーモンが私のなかを駆け抜けたのであろうか」と。——むろんこの隠喩の意味に気づきはしない。つづいて、後悔、宥和、忘却、抑圧が生じ、しばらくすると新しい爆発ということになる。明らかにアニマは、離別を強制しようとしている。このような傾向によって、むろん家族の誰一人として得をするわけではない。アニマはまるで嫉妬深い愛人のように間に割りこんできて、この男と家族の仲をさこうとする。役職、あるいは有利な社会的地位も同じことをするかもしれぬ。だがその場合は、そのような誘いの力がどんなものか、われわれにはわかっている。しかし、アニマはそのような誘いをかける力をどこから手に入れるのであろうか。ペルソナとの類推からゆくと、甘い誘惑的なことばと同じで、実際の真価や影響力の大きいだいじな事柄は、その裏にひそんでいるのかもしれぬ。このような事態にあっては、合理的に走ることを警戒しなければならない。徳義第一のこの男性が、他の女性を探すということがまず考えられるであろう。それはありうることである。それどころか、目的達成のための最も有効な手段として、アニマによってそれは準備されているのかもしれない。そのようなアニマの手配を、本来的目的だと誤解してしまってはならないであろう。なぜなら非の打ちどころのないこの紳士は、折目正しく法律に則って結婚したのであった。だから、同じように折目正しく法律にしたがって離婚するということもありうるからである。それによって彼の基本態度は、毫も変りはしない。古い絵が、ただ新しい額ぶちを得たにすぎない。

実際このような態勢づくりは、ごくありきたりの方法である。この方法で離婚は完全になる――しかし最終的解決はむずかしくなる。だから、このような明白な一つの可能性こそ離婚の最終目的なのだ、などと思いこんでしまわないほうが、どうやら利口のようである。むしろアニマのこの傾向の背後を探ってみることこそ、何よりの手であるらしい。そのための第一歩、それを私はアニマの客体化と名付けたい。すなわち、それは離婚したいという傾向を、自分の弱点としてきっぱり拒絶することなのである。それがおこなわれてはじめて、いわばアニマに対してこう質問できるのである、「君はなぜこの離婚を欲するのか」と。このように質問を人格的な形で発することは、大きな利点を持つ。すなわち、これによってアニマの人格が認められることになるし、アニマに対する関係が可能となるからである。アニマは、より人格的に受け取られれば取られるほど、それだけ立派になってゆくのである。

いつもひたすら知性的に、合理的にふるまうことに慣れている人には、このようなことはまさしく笑止千万と見えるかもしれぬ。もし誰かが、対人関係のためのたんなる心理的な一手段としか思っていない自分のペルソナといわば対話をしようとすれば、たしかに馬鹿げているどころの騒ぎではないかもしれない。しかしそれは、ペルソナを持っている人にとって馬鹿げているだけである。ペルソナを持たない人は、この点においては未開人以外の何ものでもない。未開人は周知のとおり、われわれが一般に現実と呼んでいるもののなかに片足しかつっこんでいない。もう片方の足は心霊世界のなかにつっこんでいて、この心霊世界こそ彼にとっては真に現実的なのである。われわれのモデルケースは、現実世界においては一現代ヨーロッパ人である。ところが心霊世界では、旧石器時代人の子供にしかすぎない。したがってそのような人は、一種の先史時代の幼稚園に我慢して入園しなければならない。そしてそこでもう一つの世界のさまざまな力や因子について正しい概念を習得しなければならない。だから唯一の正しいやり方は、アニマの像を一個の自律的人格としてとらえ、アニマに向かって人格的な形をとった質問を向けることである。

　私はこれを、実際のテクニックとして言っているのである。周知のとおり、いわば誰でも自分自身を相手に対話するという変った点、というか能力を持っている。何か心配ごとがあってジレンマにおち入った場合にはいつもわれわれは、大声でもしくは低声で、われわれ自身に向って（それ以外の誰に向けてというのだろう）「私はどうしたらいいのだろう」とたずねる――そしてわれわれは（それ以外の誰というのか）それに対して返答しさえする。自分の存在の根底を知ることをわれわれは意図しているのであってみれば、いわば隠喩のなかに生きることはいっこうにわれわれはかまわない。われわれが黒人のように、人格的な形をとってマンツーマン形式で、われわれの「蛇」と話をすることを、われわれは自分自身の原始的な残滓（あるいはありがたいことにまだ存在している自然らしさ）のシンボルと考えることができる。心《プシュヒエ》というものは決して単一な物ではなく、コンプレクスの集った複雑な多様体である。したがって、アニマとの対決にはやむをえない分裂は、われわれにとっては、なにも一大事というわけではない。芸術の本質はまさしく、この見えない対立を公けにすることにある。この対立に対して、いわば表現機制《メカニズム》を一時的に用立ててやることにある。その場合に、このように馬鹿げて見える自分相手の芝居に対して当然抱くかもしれない嫌悪感に負けては駄目なのであり、あるいは対話の声の「真正さ」に疑念を抱き、その疑惑に打ち負かされてはならない。まさに最後の点が、テクニックの面では重要である。すなわち、われわれは自分のなかにある考えと一体化することには慣れているために、われわれがその考えをつくったのだとつねに思ってしまう。しかも奇妙なことに、われわれがきわめて大きな主体的な責任を感じるのは、よりによって、きわめてありそうにもない考えであることが多い。野蛮きわまりない、勝手きわまりない幻想といえども、いかに厳格な普遍的な法則に支配されているかを、われわれはもっと知っていなければならぬ。そうすれば、まさにそのような考えを客観的な出来事と眺めることも可能になるであろう。ちょうど夢を相手にするのと同じである。夢について、それが意図的で任意の発明であるなどとは、われわれは決して考えないではないか。「裏面」に対し、それと認められるような心的な活動への機会を与えようとするならば、むろん最大の客観性と不偏不党性が必要である。抑圧的な意識の態度の結果として、裏面はたいていは情緒的な種類の、たんに間接的な、症候的な表出へと無理じいされてしまっていた。そして圧倒的な激情におそわれた瞬間にだけ、無意識の思考やイメージ内容の断片が表面に浮かび上ってくるのであった。むろん次のような随伴現象は避けがたかった。すなわち自我は、一瞬そのような表示と同一化するけれども、当り前の話だが、すぐそのあとそのような表示を取り消してしまうのである。激情にかられると何でも言えるものだということは、実際に時折奇抜な感じを与えるものである。しかし周知のとおり、言ったことは忘れやすいし、取り消すこともある。客観的な態度をとりたいと思うときは、むろんこのような価値低減機制《メカニズム》、否定機制《メカニズム》を顧慮しなければならない。間にとびこんで、訂正したり批評したりする習慣は、すでに伝統的にきわめて強い。これを通常さらに強めるのが、不安である。われわれとしては、そのような不安を他人が抱いていることも、自分が抱いていることもなかなかみずから認めることはむずかしい。その不安は、足もとをゆるがすような真実や危険な認識や不快な確認に対する不安、要するに、多くの人たちをして独りきりで自分自身とだけいることをペストのように避けようとさせる一切のものに対する不安である。自分自身と係り合うのは利己主義だとか、「不健康」だとか言われる――。自分の社会こそ最悪の社会に他ならない――。それによって人は滅入ってしまう――。これらは、われわれ人間の性状に寄せられる見事な陳述ではある。が、これらの発言はいかにも西欧的な発想である。このような考え方をする人は、このような情ない臆病者たちの集った社会に、他の人々がいったいどのような楽しみを持ちうるかなどとは、まず絶対に思ってみようともしないであろう。激情におそわれると、人はしばしば裏側の真実を思わず知らず洩らしてしまう。そのような事実から出発すれば、まさしく激情を逆に利用して、この裏側に表現の機会を与えてやることが得策というものであろう。こうも言えるであろうか。われわれはある激情をもとにして、そこから、その激情の枠のなかで自分自身に語りかける業を身につけるべきであると。まるで激情自体が、われわれの理性的批評などまったく意に介しないで語るかのように持ってゆくのである。激情が語るあいだは、批評はさし控えられなければならない。その激情がそのケースを提供しているのであれば、批判は良心的になされねばならぬ。ちょうど現実の、われわれに近い人間が相手であるように。それによって打ち切りということにしてはならないであろう。話のやりとりを、討論の満足すべき結末が見出されるまで続けるべきである。結果が満足すべきものかどうか、それを決定しうるのは、主体の側の感情だけである。何か画策しようとしても、むろん役に立たない。自分自身に対し馬鹿正直であること、裏側がもしかすると何か言うかもしれないと早とちりの早のみこみをしないこと、それがこのアニマの教育のテクニックの鉄則である。

われわれ西欧人に固有の、この裏面に対する不安というものは、なかなか重要なものなのである。つまりこの不安は、それが現実的であるという点を別として、まったく不当というわけではない。遠い未知の世界に対する子供や未開人の不安を、われわれはすぐに理解できる。同じ不安をわれわれは、われわれの幼児的な内面において抱く。この内面で同じようにわれわれは遠い未知の世界に触れるのである。われわれはただ激情をおぼえるだけであるが、それが世界不安であることを知らない。なぜならその世界は目に見えないからである。この世界についてわれわれは、たんに理論的な偏見か迷信的な考えしか持たない。多くの教養ある人士でも、無意識を話題にすると神秘論で片づけようとする。さてこの不安が正当化されるのは、どんな場合か。それは、(疑わしいために)熱烈に信じこまれている科学的で道徳的な確実性をそなえたわれわれの合理的な世界観が、裏側の諸事実によってゆさぶられるときに限られる。それが避けられるようなら、俗物の力説する「静か《キエ》なるものを動かすなかれ《タ・ノン・モヴェーレ》」こそが唯一の推奨に値する真実ということになろう。これとともに私ははっきりと強調しておきたい。私は上に検討したテクニックを必要なもの、役に立つものとして推奨することはしない、と言いたい。困った挙句にどうしてもそれを求めるというわけでもない人には、いずれにせよ勧めない、と言っておく。すでに述べたとおり、段階はさまざまである。乳児のまま死ぬ老人がいる。一九二七年という時点でも穴居人は生れたのである。ようやく明後日になって真実となる真理があるし、昨日はまだ真実であった真理もある——そしてどんな時も真実でない真理もある。

　こんなふうに私は考えることもできそうである。だれかがいわば神聖な好奇心からこのようなテクニックを使うこともあるだろうと。たとえば、若者であったら、自分の足が麻痺しているからというのではなくて、太陽に憧れるがゆえに翼をつけたいという者もいることであろう。しかし、あまりにもたくさんの空想が飛び散り消え去ってしまった成人はどうであろうか。おそらく仕方なくこのような内的な屈従と断念に従って、子供の不安をもう一度堪え忍ぶということになろう。ぐらついた理想と信じられなくなった価値ばかりの昼の世界、一見したところ無意味な夢想にみちた夜の世界、この二つの世界のあいだに立つことは、決して些細なことではない。かかる立場の持つ無気味さは実に大きい。だから、何か頼れるものの方に手を伸ばさないような者はおそらくいないであろう。たといそれが「後方へ手を伸ばすこと」であってもである。たとえば母親へ——。母親は幼少時代を夜の不安から護ってくれたのであった。不安を抱く者は依存を必要とする。弱い者が支えを必要とするように。それゆえにすでに原始の心霊が宗教の教えを、魔術師や僧侶という形に具体化しながら生み出したのも、実はきわめて深い心理的な必然性に裏打ちされていたのであった。教会外には何らの救いなし《エクストラ・エクレシアム・ヌラ・サルス》——これは今日なお通用する真理である。後向きになりそれに手を伸ばすことのできる人々にとっては——。それのできない少数の人々にとっては、一人の人間に依存することしかない。他とくらべて、これほどへりくだっていると同時に誇り高い依存、弱いと同時に強い支えはない、と私には思われてしょうがない。プロテスタントについてはどう言えばいいだろうか。プロテスタントには教会もなく司祭もいない——彼は神を持つのみである。しかし神さえもあやしいものになっている。

おそらく読者はおどろいて自分に質問することであろう。「そのような後退的被保護を求めないとアニマとの対決を遂行できないとは、いったいアニマは何をつくり出しているのだろう」と。私は読者諸賢に、比較宗教史を学ぶようにお勧めしたい。そしてわれわれにとっては死んだも同然の報告を、その宗教を体験した人々が感じていた情緒的な生命で満たすことを読者にお勧めする。それによって読者は、裏面に生きているものについて、一個の概念をうることになるであろう。すなわち、崇高であると同時にくだらないシンボル、慈悲深いと同時に身の毛のよだつシンボルを持った古代宗教は、青い大気のなかから生じたものではない。この瞬間にもわれわれのなかで生きている、この人間の魂《ゼーレ》から生れてきたのである。一切のそういう種類の事物、あの原形式は、われわれのなかに息づいており、いついかなる時でも滅ぼしかねないような力を揮いつつわれわれの上に侵入しかねない。すなわち集団暗示という形をとってである。これに対しては、われわれ個人はお手上げである。われわれの怖るべき神々はただ名前を変えたにすぎぬ。××主義こそは現代の神々である。それとももしかして誰かあつかましくも、世界大戦やボルシェヴィズムは着想豊かな発明であった、などと主張するであろうか。われわれが外面的に住んでいる世界は、いついかなる時でも大陸が沈みかねないし、極がずれてしまいかねないし、新しい黒死病が噴出しかねないような世界である。内面的にわれわれが住んでいる世界も、いつでも似たようなことが生じうる。むろん観念という形においてのみである。しかし負けず劣らず危険で、信頼できないのである。この内面世界への不適応は外面世界における無知や無能力と同じように、ゆゆしい怠慢といっていい。人類の限られたごく少数ではあるが、大西洋に突き出たアジアのあの人口稠密な半島（「大西洋……半島」の部分は意味不明。欧州大陸の意か。）に主として住んで、「教養のある人間」と自称している連中がいる。自然との接触が不十分なために彼らは、宗教とは目的の不可解な、一種の特異な精神障害である、という考えにおちいってしまっている。確実な距りをもって、たとえば中央アフリカであるとかチベットから見れば、むろんこの少数部分は自分たちの無意識的な「精神錯乱《デランジエマン・メンタル》」を、健康な本能をまだ持っている諸民族の上に投影しているかのように見受けられる。

内面世界の事物は、無意識的であるだけに、それだけわれわれに主体的に強力な影響を与える。したがって自分自身の文化のなかでさらに進歩をとげたいと思っている人にとっては（文化というのはおそらく個人においてはじまるものではあるまいか）、アニマの諸作用を客体化し、その上でそれらの諸作用の根底にどんな内容があるかを知ろうと努めることが不可欠である。それによってその人は、見えないものに対しての適応と保護を獲得する。このような適応はむろん両方の世界の諸条件を容認しないと、生じえない。内と外との世界の諸要求を顧慮するところから、いや両者の葛藤からといった方がよかろう、そこから可能にして必然的なものが生じる。残念ながらわれわれ西欧の精神は、この点に関する文明欠如のゆえに、内的経験の基礎的主要部たる中庸の道において諸対立を統一するということに対して一個の概念すら見出していない。中国の道《タオ》の横に並べても恥しくないような名前など、ましてやの話である。これは最も個人的な事実である、と同時に、生ある存在の意義の最も普遍的な、最も合法則的な達成である。

ここまで私はもっぱら、男性の心理学ばかりを問題にしてきた。女性としてのアニマは、もっぱら男性の意識を補償する像である。ところが女性の場合、補償的な像は男性的性格のものであり、したがってアニムスと命名するほうが適切であろう。アニマとはどう理解すべきかを述べるのでさえ、簡単な課題というわけではない。ましてや、アニムス心理学を説明するということになれば、いろいろと困難な点が多く、ほとんど不可能といってもいいほどである。

男性が自分のアニマ反応を素朴に自分自身のせいにしてしまって、自分が自律的なコンプレクスと一体化できないということはわかっていないという事実、この事実は女性心理学においても同じである。場合によっては、もっとその程度が高い。この問題にもともと付き物の避けがたいあいまいさや不分明さは別としても、自律的コンプレクスとの同一化の事実こそ、この問題を理解したり説明したりすることの難しさの根本理由である。われわれはごく素朴に、自分自身の家のなかでは自分だけが主人である、という考えからつねに出発する。われわれはこの問題を理解するにあたっても、したがってまず、われわれの内密な心の営みにおいてもわれわれは一種のいわば家のなかに住んでいるのだ、という考え方に慣れなければならない。この家は少なくとも、世間に向かっている戸口や窓を持っている。その世間の諸対象、諸内容はわれわれに影響をおよぼすけれども、われわれに所属しているわけではない。このような前提は多くの人にとってたやすくついてゆける考え方ではあるまい。自分の隣人たちが必然的に自分と同じ心理学を持っているわけではない、ということを本当にわかって、そう考えるのがなかなかできないのと同じである。読者はおそらく、今述べたことは誇張されてはいまいか、個人的に差異があることは一般に意識されていることなのだから、と思うことであろう。しかし次の事実は頭に入れておいてしかるべきである。つまり、われわれの個人的な意識心理学は無意識という、したがって無差異(レヴィ＝ブリュールは「神秘的分有」と名付けた)という根源的状態から出ている、という事実である。したがって差異という意識は人類が比較的のちになって獲得したものであり、おそらく根源的な同一性という漠たる大きな領域の比較的小さな一断片といってよかろう。区別することは意識の本質であり、不可欠条件である。すべての無意識的なものは、したがって区別されていないのである。無意識のうちに生じる一切のことは、無差異という基礎から出発しているわけである。したがって最初は、それが本来的自己に所属しているか所属していないかという点については、まったく未決定なのである。それが私のものなのか、それとも他人のものなのか、両者にあるものか、先験的《ア・プリオリ》には決められない。感情もこの点については、確かな手掛かりを与えてはくれない。

さて、女性には当然劣等的な意識があると決めてかかることはできない。女性の意識は男性の意識とは異なっているというだけのことである。しかし、男性が長いことかかって暗中模索するような事柄が、女性にはしばしばはっきり意識されるように、女性にとっては認識不可能な陰の部分にあるような男性の体験分野が、当然のことながら存在する。主に女性がさしあたって関心を抱かない事物である。個人的な諸関係が、客観的な諸事実やそれらの連関よりもふつう女性にとってはより重要であり、関心をひくものである。商売、政治、技術、科学といった広い領域、男性的な応用の精神の全帝国は、女性にあっては意識の陰の部分にあたる。その代りに女性は個人的関係について委細をつくした意識性を発展させる。その無限な細かいニュアンスは、男性には一般に欠けているものである。

したがってわれわれは女性の無意識について、男性の場合に見出すのとは根本的にちがった諸相を期待してもさしつかえない。この点に関して男と女の差異は何か、アニマに対しアニムスを特徴づけているものは何か、一言で言い表わせということになれば、こう言うより他にはない。アニマが気分を生み出すように、アニムスは意見を生み出すのだと。そして男性の気分が暗闇の背景から出てくるように、女性の意見も同じように無意識の先験的な前提に基づいている。アニムスの意見というものは非常にしばしば、容易にゆるぎはしない確固たる自信にあふれ、一見したところ侵すべからざるほどに普遍妥当的な原理にみちた性格を有している。このような意見を分析してゆくと、最初にわれわれはその存在を推論せねばならぬ無意識的前提にぶつかる。すなわちアニムスの意見は、そのような前提があたかも存在するかのように、見たところ考えられているのである。しかし実際のところは、アニムスの意見は考え出されたわけでは全然なく、すでに確固として出来上った形で存在しているものである。しかも女性が疑いの可能性すら思いつかないほど、ほんとうにそして直接的に自信にあふれているのである。

さて、アニムスは、アニマと同じように、男性の形姿に人格化されると思われがちであろう。経験によれば、これは条件つきで正しいだけである。男性の場合とはまったく異なった事態をひき起こすような情況が、思いもかけず加わるからである。すなわち、アニムスは一人の人物としてではなく、むしろ多数として現われる。H・G・ウェルズの小説『クリスティナ・アルベルタの父親』で女主人公は、することなすことのすべてにおいて、上位の道徳的法廷の支配下に置かれている。その法廷は彼女に情容赦なくかつ糞真面目に、冷ややかにずばりと、彼女を何をするのか、どのような動機でするのかをそのつど言うのである。ウェルズはこの法廷を「良心の法廷《コート・オブ・コンシャンス》」と名付けている。この判決をくだす多数の裁判官たち、一種の判事団《コレギウム》とでもいうべきものは、アニムスの人格化に照応している。アニムスはいわば、父親たちおよびその他の諸権威の集合体のようなものである。彼らは聖座から、確固たる「理性的な」判定を打ち出す。よくよく見れば、これらの注文の多い判定はおそらく子供の頃からの言葉や意見であろう。おそらくそれらは無意識のうちに、拾い集められ、平均的な真理、正義、理性の規範へと積み上げられたものにちがいない。諸前提のたくさん詰まった一大宝庫で、意識の権能ある判断が欠けるといつも(これはしばしば生じることである)即座に意見を出して助力の手をさしのべるのである。それらの意見は、あるいはいわゆる健全な人間悟性の形で現われたり、あるいは教育を茶化す原則の形で現われたりする。「いつも昔からこうしてきたものである」とか、「みんなこれこれしかじかだと言っている」というわけである。

アニマと同じように、アニムスがしばしば投影されるのは自明のことである。投影に適した男性は、すべてに正しく精通している神様の生きた模像であるか、それとも誤解された改革者である。この改革者たちは威勢のいい語彙を駆使するけれども、そのなかでは、すべてあまりにも人間的なことは「おそるべき体験」という専門用語に翻訳されてしまっている。アニムスをたんに保守的な集合的良心だと説明するのは、アニムスを十分に性格づけしたことにはなるまい。アニムスは革新者でもあり、その正しい意見とはまったく裏腹に、辛気くさい思弁を実に体裁よく代理するような、知りもせぬ難解な言葉をいちじるしく好むのである。

アニマのように、アニムスも嫉妬深い恋人である。実際の人間の代りにその人間についての意見をすえるということをやってのける。その意見の絶対に議論の余地ある基盤は、決して批判にさらされることがない。アニムスの意見はつねに集合的であり、個人および個人的な判断を凌駕する。ちょうどアニマが感情の先取りと投影とともに、男性と女性とのあいだに位置するのと軌を一にする。これらの意見は男性にとって——女性が美しい限りは——ほろりとさせるような無邪気さを持っている。この無邪気さはその男性にためになるような、父親的な教訓を得させる。——ところが女性が情緒的な面に触れないで、したがって権限ばかりが目について、その女性の人の心に訴えかけるようなよるべのなさや愚かさが期待されないかぎり、彼女のアニムスによる意見は、男性にとっていらいらさせるようなものを持っている。主として根拠が間違っているからである——つまり意見のための意見が多すぎるのである——（少なくともだれだって意見の一つくらい持つ権利はある、などなど）。男たちはここでは悪意を持つようになるのがつねである。なぜならアニムスがアニマをいつも誘い出すのは、揺がしがたい事実で、そうなるとそれから先の議論は、いずれも先行きの見込みがないからである（むろん逆もやはり同様である）。

インテリ女性の場合、アニムスは知性的で批判的でなければならぬ議論の組み立てや理由づけへといざなう。だが、そのような議論や理由づけは主として、どうでもいいようなくだらない点をばかげた主要事にしてしまうことに他ならない。あるいは、それ自体としては明晰な討論も、まったく別の、場合によってはまちがった観点を持ち込むことによって、まったく救いがたいものへと陥ることもある。本人はそれと気づかずに、そのような女性たちはただ男性を立腹させることをめざしているだけである。それによって彼女たちはますますアニムスの手中に陥ってゆく。「残念ですけど、いつも私が正しいのです」と私にそのような女性が打ち明けたことがある。

すべてのこれらのよく知られている、とともに好ましからざる現象は、ただただひたすらア、ニ、ムスの外向性に起因する。アニムスは意識的な関係機能には属しない。アニムスは無意識への関係を可能ならしめるものといえよう。外的な状況に対して意見を思いつく代りに——つまり意識的に考えるべき状況に対して意見を思いつく代りに——アニムスは着想機能として内側に向けられざるをえないであろう。内側においてアニムスは無意識の諸内容を思いつくことができるであろう。アニムスと対決するこつは、原則としてはアニマの場合と同じである。ただ女性が批判的に自分について抱いていることになっているのは、意見にしかすぎない。女性はそれを抑圧せずに、それの由来を究明してその暗い背景に侵入する。その結果、原像にぶつかることになろう。男性がアニマと対決する場合とまったく変らない。アニムスは祖先伝来の女性的系譜がなしてきた全男性体験のいわば沈澱物である——いやそれだけではない。アニムスは生産的な、創造的な存在でもある。むろん、男性的な創造という形はとらずに、λόγος σπερματικός「生産的なことば《ロゴス・スペルマティコス》」と呼ぶこともできるようなものを生み出すのである。男性が自己の業績を一個のまとまった創造物として自分の内面の女性的なるものから生ぜしめるように、女性の内なる男性的なものは、創造的な芽を発芽させる。それは男性のなかの女性的なものの創造性を豊かにすることが可能である。これは「霊感を与える女《フェム・インスピラトリス》」とでもいえよう。だが、これは——誤った教育を受けると——手の施しようもない独善家、こちこちの原則至上主義者——私の女性患者の一人が実にうまく翻訳してくれたのによれば「アニムス狂《ハウンド》」——になる可能性を持っている。

　アニムスにとりつかれた女性は、その女性らしさ、その適応させた女性的なペルソナを失う危険につねにさらされている。同じような状況におかれた男性が女々しくなりかねないのと同断である。かかる心的な性転換はただただひたすら、内側に所属している機能が外側に向き換えられるということに起因する。むろん倒錯の理由は、外的世界に自律的に相対する内的世界が不足しているか、まったく欠如しているかということである。この内的世界は適応という点に関して、外的世界とまったく同じように、重要な諸要求を出すのである。

ところでアニマの単一人格性に対するアニムスの複数性に関しては、私にはこの特異なる事実は意識的態度の相対概念である、というように思われる。女性の意識的態度は、一般的に男性のそれに較べてはるかに排他的に個人的である。女性の世界は、父親たちと母親たち、兄弟たちと姉妹たち、夫たちと子供たちから成っている。残余の世界は似たような家族から成り立っていて、互いに手を振るが、その他の点では主として自分自身にしか興味を持っていない。男性の世界は、民族であり、「国家」であり、利益コンツェルンなどなどである。家族はたんに目的のための手段、国家の基盤の一つにしかすぎぬ。その妻は必然的にその女性でなければならぬわけではない（いずれにせよ女性が「私の主人」という場合に意味しているのとは違うのである）。普遍的なるもののほうが男性にとっては、個人的なるものよりも切実な問題である。それゆえに男性の世界は多数の並列的な因子から成り立ち、女性の世界は、自分の夫の向こう側では、一種の宇宙的な霧に接しつつその果てに到達している。したがって情熱的な独占性は、男性の場合にはアニマと切っても切れない関係がある。それに対し女性における不特定多数性は、アニムスに付き物なのである。男性の念頭に浮かぶのは、一人のはっきりした輪郭をもった意味深長な妖精ないし水の精のような姿である。それに対し、アニムスはむしろさまよえるオランダ人たちであるとか、世界の海のその他の見知らぬ客人たちの姿で表現される。決して特定してつかまえられるわけではなく、自在に姿を変え、たえず動きまわっている。このような表現型はすなわち夢のなかに現われるし、具体的な現実では、英雄的なテノール歌手、ボクシングのチャンピオン、遠い見知らぬ都市の偉人たちなどである。

暗い背景から浮かび上るこの両方の薄明の形姿（まさしく、神智学の大げさな用語を使えば、なかばグロテスクな「境界線の守護者」）は、ほとんど汲んでも尽きないさまざまの相から成っており、これをテーマにすれば何巻もの本にすることができよう。その複雑にして錯綜している状態は、この世さながらに豊富であり、意識的な相対概念たるペルソナの測り知れない多様性のようにまさしく膨大である。それらはまだ薄明の領域のなかにある。だからわれわれには、アニマとアニムスという自律的コンプレクスが、結局のところは、その自律性と未発達のおかげで、人の姿を強引にとってきた、と言うか、今日まで人格の姿を維持してきた心理的機能であることがわかる。しかしすでにその人格化を破壊する可能性も、われわれには見えてきている。それらを意識化することによって、無意識のかなたへと通じる橋に、われわれがしようとするからである。われわれは別にわざと、それらを機能として使用するわけではない。だから、それらはまだ人格化されたコンプレクスである。それらがこのような状態にあるかぎり、相対的に独立的な人格として認めざるをえない。それらの内容が未知であるかぎり、意識へとは統一されえない。それらと対決することによって、それらの内容は明るい光のもとに引き出されることになろう。この課題が完成し、アニマにおいておこなわれている無意識のプロセスと意識とが納得のいくように互いに相通じるようになってはじめて、アニマもほんとうにたんなる機能として受け取られることになる。

すべての読者がアニムスとアニマとは何か、あっさり理解したとはむろん私は思っていない。しかし少なくとも、これが決して「形而上的なもの」ではなく、同じように理性的で抽象的なことばで表現されたにせよ、経験的な事実なのだという印象を読者は受けたことと思う。しかし意図的に、あまりに抽象的なことばは避けた。なぜなら、われわれの体験には今までなじみのなかったこれらの事柄においては、知的な公式化を読者の一覧に供することが大切なのではない。むしろ必要なのは、実際の経験的可能性を観察することを読者に伝えることだからである。これらを自ら体験していない人は、これらの事柄をほんとうに把握することは無理である。だから私にとっては、知的な公式を並べ立てるよりも、かかる体験のさまざまの方法や可能性を示すことのほうが、はるかに重要なのである。知的な公式など、体験の欠如によって必然的に空虚なことばの羅列に終るであろう。ことばを丸暗記し、体験を頭で空想し、そしてそれで、それぞれの気質にしたがって自分は信じるとか、自分はこれにには批判的だといいばってみせる手合いは、残念ながらあまりにも多い。これは新しい問題提出、新しい（しかもきわめて古い）心理学上の経験分野である。これについてわれわれが理論面で相対的に妥当性あることを決定できるようになるには、まずこれに照応した、心的な現象が十分多数の人々に知られていなければならない。まず最初はいつも事実を発見してゆくだけで、理論が先行してはならない。理論形成は多数の人々のあいだの討論の結果生れてくる。

第三章　自我と無意識の諸形象とを区別する技術

本来ならば読者に対し、アニムスとアニマの特殊な活動の詳細な実例を示さなくてはならないところであろう。残念ながらそれらの材料はあまりにも莫大であり、その上きわめて大量のシンボルの解説を必要とする。だからそのような説明を本書の枠内におさめるのは無理であろう。そのような成果のいくつかを、すべてのそれらのシンボルとの関係も含めて特殊研究[1]としてまとめて出版しているので、それを読者にはお知らせしておかなければならぬ。そこではむろんアニムスについては、いっさい触れていない。この機能は、まだその頃私にはわかっていなかったのである。女性患者に、無意識の内容を思いつくように勧めると、その患者はいずれも似たような空想をつくり上げるであろう。それらのなかにまず決して見当らないことはない男性のヒーロー像、それがアニムスに他ならない。そして一連の空想上の体験は、自律的コンプレクスの漸次の変遷と解消を明示しているのである。

1　『リビードの変遷と象徴』ドイティケ出版社、ライプチッヒ＝ヴィーン、第二版。

この変遷こそ、無意識との対決の目的に他ならない。この変遷が生じないと、無意識は軽減されないままの影響力を持つ。場合によっては、無意識は、ノイローゼの症状を維持し主張するであろう。どんなに分析治療をほどこしても、どんなに理解に努めてみたとしてもである。あるいはまた無意識は、強迫的転移を固持するであろう。これまた、ノイローゼと同様に始末におえない。このようなケースにおいては、無意識の力を打破するのに、明らかにいかなる暗示も、善意も、たんに還元的に患者の過去にさかのぼる理解の仕方も役に立たなかった。だからといって――この点はもう一度強調しておきたいが――すべての精神病治療の方法が要するに何の役にも立たない、と言っているのでは決してない。無意識との徹底的な取組み、無意識との本来的な対決を医師が決意しなければならないケースが少なくないという事実を、私はただ強調しておきたいだけなのである。むろんこれは解釈とはちがう。後者つまり解釈の場合、解釈できるためには医師はすでに予め知っているということが前提となる。ところが前者の場合――すなわち対決の場合――解釈とはちがうのである。空想の形で意識のなかに入ってくる無意識的諸過程を誘発せしめることなのである。これらの空想の解釈に関係することはできる。多くのケースにとっても、生み出された空想の意義について、患者がある程度知っていることはごく大切なことかもしれぬ。しかし決定的に重要なのは、患者が空想を完全に体験することである。そして知的理解が体験の総体性の一部であるかぎり、それら空想を理解もすることである。しかし私は理解ということのほうを優先させる気はない。むろん医師は、患者が理解しようとするのを手伝ってやることができなくてはならない。しかし患者とて、すべてを理解するわけではないであろうし、そのようなことはできない。解釈の手品に対しては、なしうる限り注意しなくてはならないだろう。なぜなら何はさておき本質的なことは、空想を解釈したり理解したりすることではなく、むしろ空想を体験することだからである。アルフレート・クービンはその著『裏側』（他に『対極』と題する邦訳もある。）において、無意識について見事なできばえの描写をおこなっている。すなわちクービンは、芸術家が自分のなかで無意識に関して体験したことを書き記したのである。それは芸術家としての体験であって、人間としての体験という意味においては不完全である。これらの問題に興味を持っている人に、ぜひ私はこの書物を注意深くお読みになるようお勧めする。読んだ人は、そのなかでこの不完全性を発見するであろう。芸術家的に見られたり体験されたりしているが、人間的には体験されていない、ということである。「人間的な」体験ということについて、私は、作者の人格がたんに受動的にヴィジョンのなかに含まれるばかりではなく、ヴィジョンのもろもろの像に対し十全な意識をもって反応し行動しながら相対する、というふうに理解したい。同じような批判を、上に述べた私の本のなかで扱った空想の作者に対しても加えておきたい。あの作者も、無意識から生じた空想形成に知覚的にしか、あるいはせいぜいよくて堪えながらしか相対しない。しかし無意識とのほんとうの対決は、無意識に対立する意識的な立場を要求する。

　私の言わんとするところを、一つの例に即してはっきりさせたいと思う。私の患者の一人が次のような空想をした。「彼は自分の花嫁が通りを下って川の方へ駆けてゆくのを見る。冬である。川は凍っている。花嫁は氷面へ飛びおりる。彼はあとを追う。彼女はずっと先へ行く。そこは氷にひびが入っている。黒々とした裂け目が口を開く。そのなかに彼女が跳び込むのではないか、と彼はおそれる。案の定、彼女は氷の裂け目に沈む、彼は悲しげに彼女を見守る」。

かなり長い一連の話からとり出したこの断片は、意識のとっている態度というものを手にとるようにはっきりわからせてくれる。その態度は知覚的で、堪えている。つまり、空想のイメージはたんに眺められ、感じとられるだけである。いわばそれは二次元的である。というのも、本人自体はこれに不十分にしか関与していないからである。したがって空想はたんなるイメージにとどまっていて、一目瞭然であり、感情を惹起しはするものの、夢のように非現実的である。この非現実性は、本人自身がこの話のなかで能動的な働きをしないことに基づく。この空想が現実であったなら、自分の花嫁が自殺を決行するのを阻止する手段のことで困惑したりはしないであろう。彼女に追いついて、裂け目に跳び込むのを体を張って阻止することなど、なんでもないであろう。かりに現実において彼が空想のなかでのような態度をとったりしたら、明らかに彼は麻痺して体が利かなかったということになるであろう。恐怖のあまりか、彼女が自殺しても実はそれにちっとも反対ではないという無意識の考えに由来するのか、それはわからないが。本人が空想のなかで受動的にふるまうという事実は、無意識一般の活動に対する彼の態度の表れにしかすぎない。彼は無意識に心奪われ、骨抜きにされているのである。現実には本人はありとあらゆる抑鬱的な考えや思いこみに悩んでいる。たとえば、自分は役立たずであるとか、絶望的な悪性遺伝であるとか、脳が退化しつつある、などなど。かかる否定的感情は、彼がよく見きわめもせず受け取ってしまう、いわば自己暗示でもある。彼はそれらの自己暗示を頭では徹底的に理解でき、通用しないものと認めることができる。しかしそれゆえにこそ、感情が存在するのであろう。感情は頭では把握できない。なぜなら感情は知的な、あるいは理性的な基盤の上にあるものではなく、無意識的な、非合理的な空想生活を基礎としていて、これは意識的な批判など通用しない世界なのである。このようなケースにおいては、無意識に対しその空想を生み出すよう機会を与えなければならない。上に述べた断片は、まさに無意識的空想活動のかかる所産に他ならない。心因性の鬱病なので、彼の鬱病もまさにそのような空想に基づいているわけである。しかしそのような空想の存在は、彼にとってはまったく無意識的であった。ほんとうの気鬱、重度の疲労、中毒などにあっては、事情は逆であろう。つまり、患者が鬱なので、そのような空想を抱くというわけである。これに対し、心因性の鬱病の場合、そのような空想を抱くから、抑鬱的になるのである。私の患者はきわめて賢い若者で、知的には自分のノイローゼの因果関係については、長年の分析治療を通じもう十分にわきまえている。だが知的に理解しているからといって、それが抑鬱症に変化を与えたわけではなかった。このようなケースでは、医者は症状の因果性をさらに突っこむような無用な努力はすべきではない。なぜなら、ある程度広範囲な理解がまったく何の役にも立たないのであってみれば、少々の因果論的断片を発見してみても、無用だからである。このケースでは無意識が結局のところ揺ぎない優位を占めていて、その魅惑的な力を欲しいままにしている。この力は、意識の内容からあらゆる価値を取り上げることができる。換言すれば、意識の世界からリビードを引き抜くことができ、それによって「鬱病」、「精《アベ》神水準の低下《スモン・ド・ニヴォ・メンタル》」（ジャネ）を生み出すことができる。この場合には、しかしわれわれは――エネルギー法則に則って――無意識内部における価値（＝リビード）の蓄積を期待せざるをえない。

リビードは、ある一定の形式において以外は決して把えられない。すなわち、リビードは空想イメージと同一化している。だからわれわれは、リビードに照応した空想イメージを拾い上げることによってしか、リビードを無意識から解放してやることはできない。したがってそのようなケースでは、われわれは無意識に対し機会を与え、無意識の空想を表面に浮かび上らせるようにしてやらねばならぬ。さきほどの断片も、このようにして生じたものなのであった。これはたいへん中味の豊富な空想イメージの長い一系列の一片にしかすぎないが、その豊富な中味は、意識とその内容から失われたエネルギー量に匹敵するのである。本人の意識の世界は冷たく、空虚で、灰色と化した。他方、無意識の方は活性化し、強力になり、豊かになった。無意識の心《プシュヒエ》の本質の特色は、自分自身にかまけて、人間的配慮を知らぬという点である。いったん無意識のなかにおちいってしまったものは、無意識のなかにいつづけようとするだろう。意識がそれに悩んでいようといるまいと、そんなことは一切気にしない。意識は飢えもし、凍えもする。無意識の世界は繁栄を誇る一方である。

少なくとも、最初はそう見える。しかしもう少し深く探ってみると、無意識の示すこのような人間的な素知らぬ振りには意味があるのだということ、目的があり目標があるのだということがわかってくる。意識的な目的を越えたその先に心全体の目的がある。それどころか、そのような心の目的は、意識的な目的に敵対的に立ち向かいさえする。意識に対する無意識の敵対的な、もしくは無遠慮な態度をわれわれが見出すのは限られていて、意識が誤った、不遜な態度を示すところだけである。

私の患者の意識の態度はあまりに一面的に知性的で合理的であるため、彼の本性自体が立腹して、彼の意識の価値世界全体を破壊するわけである。彼自身はしかし自分を非知性的にして、何か他の機能、たとえば感情に頼るというわけにはゆかない。理由は簡単至極で、彼はそういう機能を持たないからである。無意識はその機能を持っている。したがってわれわれとしては、無意識にいわば指導を委ね、無意識に対し空想の形で意識内容となる可能性を与える、というより他にしようがなかったのである。患者が以前に自分の知性の世界にしがみついて、詭弁を弄しながら自分の病気だと思っていることに対して自己弁護したことがあったとすれば、今になってその病気にまさしく身を任せてしまわざるをえないのである。そして鬱病におそわれているのなら、それを忘れようと無理に仕事についたり、それに似たようなことをすることはできない。彼は自分の鬱病を甘受し、それにいわば言葉を委せなければならない。

これはまさに、気分のままに気ままにふるまうのとまったく逆である。気ままにふるまうのはノイローゼの特徴である。これは弱さではない。無定見な服従でもない。むずかしい作業なのであって、気分の誘惑に抗して自分の客観性を堅持し、気分をわがもの顔の主体にさせる代りに、気分を自分の客体とするわけである。彼は自分の気分をして独り言をいわしめるように試みなければならぬ。彼の気分は彼に対して、どのように自分が見えるか、どのような素晴らしい類比において自分が表現されるであろうかを言わなければならない。

上記の断片は、視覚化された気分の一片である。彼が思い切って、自分の気分に対しての自分の客観性を主張することをしなかったとしたならば、彼は空想イメージの代りにたんに活気のない感情を持っただけであろう。万事休すだ、自分は治りっこない、などなど。ところが彼は自分の気分に、一つのイメージにおいて自己表現をする機会を与えた。そのために、少なくともリビードの、つまり、無意識的な形成力のわずかの量を、イメージの形にして意識内容とし、それによって無意識から引き抜くということに彼は成功したのであった。

しかしこのような試みでは不十分である。要求された十全な空想体験は、見たり堪えたりするばかりでは駄目で、積極的に関与するという点が大切だからである。患者がもし空想のなかでも、現実でまちがいなくふるまうであろうようにふるまうなら、この要求に適応することになるであろう。自分の花嫁が溺れるのを手をこまねいて眺めているというようなことは、絶対にしないはずである。身を挺して跳びこんで、彼女の意図をくじくであろう。空想のなかでも、そうなったことであろう。空想のなかで、それと似たような現実の情況のなかでも彼がふるまうであろうようにふるまうことに成功すれば、それによって彼は空想をまじめに受けとめているということを証明することになるであろう。すなわち、彼は無意識に対し絶対的な現実価値を与えているということになるのである。それによって自分の一面的な知性的立場への勝利を、彼は獲得したことになるであろう。そしてそれによって、無意識の非合理的立場を間接的にではあるが、妥当だとみなしたことになるであろう。
これが、要求されている無意識の十全なる体験といえるであろう。だが、これが実際に現実ではどう言われるか、あなどってはならない。私の現実世界は空想の非現実によって威されている、とこう言われるのである。これがすべて空想にしかすぎない、絶対に恣意的で造りものとしか思えない空想上の産物にしかすぎない、ということを一瞬たりとも忘れることは、まず打ち勝ちがたいほどむずかしい。このような空想上の産物を「現実」だとしたり、それどころか真面目に受け取ったりすることがどうしてできるのであろうか。

たしかにわれわれは一種の二重生活を信じるようには、要求されていない。こちらで控え目な一般的市民であって、あちらではとてつもない冒険を体験したり、英雄的行為をしでかしたり、というのは無理である。換言すれば、われわれの空想を具体化することは許されていない。ところが人間はそれをしようとするひそかな傾向を持っている。空想に対する拒絶反応のすべて、無意識の批判的無価値化のすべて、これらは深い深い根底においては、このような傾向への不安から生じるにすぎない。具体化もそれに対する不安も、両者ともに原始的な迷信である。しかし、いわゆる蒙を啓いた人々のあいだで、まだきわめて生き生きした形で残っているのである。市民生活においてある人が靴屋だとしても、彼のセクトでは大天使の威厳を身につけていることがある。人の目に写るところでは小商人で、フリーメーソンでは隠れた大物だということもある。昼間は会社に坐っていて、夜はサークルにおいてジュリアス・シーザーの再来ということもある。人間として欠陥はあるけれども、仕事では過失などしない——以上具体的な例を挙げたが、すべて意図的なものではない。

これに対し現代の科学的信条は、空想に対して迷信的な恐怖症とでもいうべきものを展開してきた。しかし活動的なものは実際的なものである。無意識の空想は活動的である——このことについてはいかなる疑惑も許されない。きわめて犀利な哲学者といえども、きわめて馬鹿げた臨場恐怖症の完全な犠牲者ということはありうる。われわれの名だたる科学的現実というものも、無意識のいわゆる非現実性から、少しもわれわれを保護してくれるわけではない。空想的なイメージのヴェールの背後に何物かがあり、それが活動している。この何物かに対してわれわれがいい名前をつけようと、悪い名前をつけようとにおかまいなく、これは実際的なものである。それゆえにその生命表出も、真面目に受け取られなければならない。しかしまず、具体化の傾向が克服されなければならない。換言すれば、空想を、解釈の問題に近づいたならただちに、字義通りにとらないようにするべきである。空想の体験のなかにわれわれがとらえられている限りは、空想をどんなに字義通りにとったところで、とりすぎることはない。しかし空想を理解しようという段になったら、仮象を、まさにこの空想イメージを、背後にある活動的なものととりちがえないようにしなければならない。仮象は事物そのものではなく、たんなる表現にしかすぎない。

したがって私の患者は「別の地平における」自殺場面を体験しているというのではない（その他の点では実際の自殺と同じように具体的なのである）。患者は、自殺のように見える何か実際的なことを体験しているのである。この二つの対立する「現実」、意識の世界と無意識の世界、これは覇を競いあうものではない。お互いに相手を相対的なものとしあう。無意識の現実が非常に相対的であるということは、おそらく激しい反論をひきおこすことはあるまい。だが、意識界の現実に疑いがかけられるようにでもなると、事はそれほど簡単にはすまないであろう。しかし結局、両方の「現実」とも心的体験であり、それと識別しがたい暗さの背景をもった心的な仮象である。批判的に考察すると、絶対的な現実など一つも残りはしないのである。

本質的なもの、絶対に存在するものについて、われわれは何も知らない。しかしさまざまの作用をわれわれは体験する。感覚を通して「外側から」の、空想を通じて「内側から」の、緑色という色自体がそもそも存在するなどとわれわれは決して主張しないであろう。それと同じように、われわれはまた、空想体験をそれ自体存在しているものと解したり、それとともに字義通りに受けとるべきものと解したりすることは、まず考えないであろう。空想体験は、表現であり、仮象である。知られざるものを、ただし実際にあるものを表すものである。上に述べた空想断片は、時間的には鬱病と絶望の波長といっしょに生じている。そして空想はこの事象を表現している。患者には実際に許嫁がいる。この許嫁は彼にとって、世間と自分を結ぶ唯一の情緒的きずなである。彼女の破滅は、世間に対する彼との関係の最期を意味することになろう。かかる局面は、まったく絶望的といってよかろう。しかしこの許嫁は彼のアニマのシンボル、すなわち、無意識に対する彼の関係のシンボルでもある。したがってこの空想は、彼のアニマが彼に妨げられることなく、再び無意識のなかへと消えるという事実を同時に表している。このような局面は、彼の気分がまた彼よりも強くなっていることを示している。気分がすべてを抛り投げる。彼はなすすべなく見守っている。飛び出していって、アニマをしっかりつかまえることもできるであろうに。

私はこの後者のほうの局面をすぐれているとする。なぜなら患者は内向型だからである。内向型の人間の人生に対する関係は、内的な事実に規制されている。もし彼が外向型だとしたら、前のほうの局面をよしとせざるをえないだろう。外向型人間にとって人生は何よりも、人間に対する関係によって規定されるからである。たんなる気分から自分の許嫁を捨てさり、それとともに自分自身を捨てることもできるであろう。内向型の人間は、アニマに対する自分の関係、つまり内的客体への関係を捨てると、それによっていちばん自分を傷つけてしまう。

私の患者の空想はつまり明確に、無意識のネガティヴな動きを示している。すなわち、意識的な世界から転向しようとする傾向である。この傾向はたいへん活動的な動きを見せ、意識のリビードもいっしょにひきさらい、それによって意識を空っぽにしてしまうほどである。しかし、空想を意識化することによって、無意識的になろうとするこの傾向は阻止される。患者自体が（上に述べたようなやり方で）積極的に関与するならば、空想のなかに現われるリビードを彼は所有するようにさえなり、それによって無意識に対しやや強い勢力を得ることになろう。

空想の出来事に積極的に関与することによって、さもないと無意識的である空想をたえず意識化してゆくと、その結果はどうなるか。これまでに非常に数多くの事例において、私はそれを見てきた。まず第一に、意識は拡大される。無数の無意識的内容が意識化されるからである。第二に、無意識の支配的な影響が次第に削減されてゆく。第三に人格変貌が生じる。

人格が変るというのは、なにも本来的な遺伝的素質が変貌をとげるのではない。一般的な精神態度が変るということである。葛藤をおこしやすい、神経症的な性格においてきわめて明瞭に見られる意識・無意識間のはっきりした分離や対立、これはほとんどつねに、意識の側の態度の注目すべき一面性にもとづく。意識の態度は、一つないし二つの機能ばかりを優先して、他の機能を不法にも背後に追いやってしまう。空想の意識化と体験とによって、無意識的で劣等価値の諸機能は意識へと同化される。この過程は、むろん意識の精神態度に深い影響を与えないではおかない過程ではある。

人格変貌がどのような類のものかという問題の解明は、ひとまず度外視しよう。本質的な変貌がおこなわれるのだという事実だけを強調しておきたい。無意識との対決によって達成されるこの変貌を、私は超越的機能と名付けた。まさに超越的機能において表現される人間の心《ゼーレ》のこの注目すべき変身能力は、中世後期の錬金術的哲学の最大の対象である。錬金術的哲学で、この変貌は有名な錬金術的象徴体系によって表現された。ジルベラーは非常に功績大なるものがあった著作（『神秘思想とその象徴的表現の諸問題』）において、錬金術の心理学的内容についてすでに詳細に指摘している。巷間おこなわれている考え方にしたがって、「錬金術的」精神動向をレトルトや溶鉱炉に還元しようとしたら、それはむろん許されざる誤りというべきであろう。たしかに、「錬金術的」精神動向はそのような側面も持っている。すなわち、精密化学の初期の手探り時代である。しかしまた、見くびることのできない、心理学的にまだ十二分に評価しつくされていない精神的側面も持っている。つまり、「錬金術的哲学」というものがあったのであり、最も新しい心理学の模索的な第一段階のことである。この哲学の秘密は、超越的機能の事実である。つまり、高貴なる要素と卑しい要素との、分化した機能と決して劣等的でない機能との、意識と無意識との混合と結合による人格の変貌という事実である。

　科学的な化学の揺籃期は、空想的な考えや恣意によって歪曲され、混乱させられたのであった。それと同じように、錬金術的哲学も、まだ粗野で未発達な精神のおこなう避けがたいさまざまの具体化によって、心理学的定式化には達していない。きわめて偉大な真理がひそんでいるという、この上なく生き生きした予感が中世の思想家の情熱を錬金術の問題へひきとめていたのであった。無意識の同化というプロセスを完全にたどった人は、自分がそれによって奥の奥まで揺り動かされ、変貌をとげたという事実を、決して否定しないであろう。

　読者は疑わしげに首をひねるかもしれぬ。たんなる空想のこのような切り捨てていい量《カンティテ・ネグリジェブル》（上の陳腐な例を見よ）が、どうしてほんのわずかとはいえ、影響力を持ちうるのか、それがわからない、というわけである。そのような読者を、むろん私は責める気にはなれない。私はあっさり認める。超越的機能およびこの機能にありと考えられる並はずれた効能の問題を考えに入れても、さきに引用した空想断片はまったく解明できないのも同然であるということを。しかしながら――私は読者の好意的な理解にここで訴えなければならぬ――実例を引用することはきわめてむずかしいのである。一つ一つの実例が、個人的で主体的にのみ印象深く意味のあるものであるという不快なる特性を持つからである。だからこそ私はいつも患者たちに忠告する。あまり引っ込み思案にならず、自分たちにとって個人的にきわめて大切であるようなものは、客観的にも大切だと受け取られるのだ、というふうに思いなさい、と私は言うのである。

圧倒的多数の人間は、個人的に他者の心《ゼーレ》のなかに身を移すということがまったく不可能である。人の心になり代るというのは、それどころかごく稀な技術であって、そんなに広く行きわたっているものではない。われわれが一番よく知っていると思い込んでいて、本人もわれわれにわれわれがくまなく理解していると請け合う人間、そのような人間でも結局のところわれわれにとって見知らぬ人間であることがある。彼はちがっているのである。そしてわれわれがなしうる最後の最善のことは、このちがったという点をせいぜい予感し、これに気づくことまでにとどめ、まちがってもこれを理解しようなどという馬鹿げたことは金輪際しないことである。

だから私は説得できるようなものを持ち出すことはできない。きわめて個人的な体験をしている人が説得されるようなわけにはゆかない。そのように読者を説得するものを、私は何一つ持ち出しえないのである。われわれ自身の体験に照らし合わせて、それを信じるより他に手はない。とどのつまりは――すべては無理でも――最終結果だけは、すなわち人格の変貌だけは、われわれは疑いなく感知できる。このような留保をしながら、読者に別の空想断片をお目にかけたいと思う。今回は女性のものである。まず目にとびこんでくる、前の例との違いは、体験の全体性ということである。眺めているこの女性は積極的に参加する。それによって彼女は、このプロセスを手中におさめてしまう。このケースについて私は莫大な資料を持っている。その頂点は人格の徹底的な変貌である。この断片は人格発展過程のあとの方の部分のもので、さまざまの変転を見せる長期の、連関性ある系列のうちの有機的部分である。この一連の変転の目標は、人格の中心点に到達することなのである。

「人格の中心点」という概念のもとに何が意味されているかは、もしかするとなかなか理解しにくいことかもしれぬ。そこでごく簡単にこの問題のあらましを述べてみたい。中心としての自我を持つ意識を、無意識に対置して考えてみることにする。意識に向かっての無意識の同化というプロセスを思い浮かべてみることにする。そうすれば、このような同化は意識と無意識とのあいだの一種の接近と考えることができる。その場合、全人格の中心はもはや自我とは一致しない。それは、意識と無意識との中央にある一点である。これは新しい均衡の点であり、総合的人格の新しい中心発見であり、おそらくは潜在的な中心点であろう。この中心点は意識と無意識とのあいだに横たわるその中心的位置ゆえに、人格に新しい確実な基盤を与えるものであろう。このように視覚化するということは、無器用な精神が、口には表わしがたい、筆でもほとんど記述できない心理学的事実を表現しようとする拙劣なる試み以上のものでは決してない。そのことはむろん私は認める。使徒パウロの言葉を借りても、同じことを言い表わすことができるかもしれぬ。「今となっては生きているのは私ではない。キリストが私のなかに生き給うのである」。あるいは老子を呼び出し、道《タオ》、つまり中庸の道、一切の事物の創造的な中庸を習得することもできるであろう。いずれの場合でも、意図していることは同一である。私はここでは科学的な良心を持った心理学者として話をしており、そのような良心から、言っておくべきことがある。それは、かかる諸事実が異論の余地ない効力を持つ心的な因子であるということである。さらにこれら諸事実が怠惰なる精神の発明物ではなく、一定の法則にしたがい、合法則的な原因と効力を持つ一定の心的な事象であるということである。このように普遍性があるからこそ、かかる事実をわれわれは実にさまざまの民族や人種において、今も、そして何千年の昔も立証することができるわけである。かかる事象がどのように成り立っているのかということについて、私は理論は持っていない。そのためには、心《プシュヒエ》がどのように成り立っているかを、おそらく知っていなくてはなるまい。さしあたっては、事実をつきとめることで満足することにしよう。

さて、われわれの例を述べることにする。これは極端に視覚的な性格を持つ空想である。古い言葉で「見られしもの《ゲジヒト》」とでも呼べるようなものなのである。しかし「夢に現われる像」ではなく、「幻想」であり、意識背景への極度の集中を通して簡単に知覚される。むろんこのようなことが起こりうるためには、長期の訓練を積んでいなければならぬ。この女性患者が見たのは次のようなことである（彼女自身の言葉で物語ることにする）。「私は山に登っていました。と、ある場所までやって来て、そこに七個の赤い石を私の前に、さらに両脇に七個ずつ、うしろに七個見たのです。私はこの四角形の中央に立っていました。石ははしごの段のように平らでした。私は一番近くにある四つの石を拾い上げようとしました。すると、これらの石が実は頭をさかさまにして地面に埋められていた四人の神々の彫像の礎石であることを私は発見したのです。それらを掘り出すと、私のまわりに立たせました。ですから、私はその中央に立っていました。突如、像はお互い同士倒れかかり、頭が触れ合うことになりました。そのため、まるで天幕のようなものを私の頭上で造り上げたのでした。私自身は地面に倒れ、言いました。『そうしなければならないというのなら、私の上に倒れるがいい。私は疲れている』。と、外側に、つまり四人の神々のまわりに焔の輪ができ上っているのが見えました。しばらくして私は地面から立ち上りました。そして神々の像を倒しました。地面に倒れたところから、四本の樹が生えてきました。そのあと、火の輪のなかからは青い炎が高高と燃え上りました。炎が木々の葉をこがしはじめました。だから私は言いました。『これで一巻の終りにちがいない。火のなかに飛び込んで、葉っぱが燃えないようにしなくては』。そして、私は火のなかに踏みこみました。木々は姿を消しました。火の輪は集って一つっきりの大きな青い炎と化し、私を地面から高々と持ち上げてくれました」。

ここで幻想は終った。この幻想の持つきわめて興味深い意味を読者に証明しつつ明らかにする方法も手段も、私は残念ながら知らない。この断片は大きな連関のなかから取り出してきたものであり、このイメージの意味を把握するには、前後にどんなことが起こったか、すべて説明しなくてはならないだろう。いずれにしても、偏見にとらわれない読者なら簡単に「中心点」の理念を認めることができよう。これは一種の上昇（山登り＝努力、疲労）によって達成されるのである。円積法という錬金術の分野に属する有名な中世の問題も、難なく見つけることができるであろう。ここにはその問題が、個性化の象徴的表現として、うってつけの場所に置かれている。人格総体を特徴づけているのは、視野の四主要点、四人の神々、つまり心的空間における方位づけを明らかにしてくれる四機能であり[1]、全体を包括する円環である。個人を圧迫しそうな四人の神々の克服は、四機能との一体化からの解放、四倍の「ニルドヴァンドラ」(「対立からの解放」)を意味する。これによって円環への、分割不可能な総体への接近が生じる。そこからさらに、一段上への向上が生れる。

この程度の示唆で私は満足せざるをえない。これについて思いをめぐらす努力を惜しまない人は、人格変転の起り方について、おおよその見当をつけることができるであろう。その積極的な介入によって、この女性患者は無意識の出来事と混じり合う。それらに彼女が捕えられることによって、彼女の方もそれらを手に入れてしまう。こうして彼女は意識と無意識を結合する。その結果が、炎のなかの上昇運動、錬金術的な炎熱のなかでの変身、「洗練された精神」の発生である。これは対立の結合から生じる超越的機能である。

この個所で、私の読者がしばしば陥る本質的な誤解のことを思い起こさざるをえない。しかも普通それは医者たちなのである。私が書いているのは他でもない私の治療法なのだ、というふうに彼らがいつも決めてかかるのがどういう理由からなのか、私にはわからない。ここでもまったくそう

1 『心理学的類型』を参照のこと。

ではない。私が書き記しているのは心理学についてなのである。だからはっきりと強調しておくけれども、私の治療方法の要点は、患者たちに奇妙な空想を抱かせることではない。そのような空想を抱けば、彼らはそれに没頭せざるをえず、それによって人格が変るであろう。もっとそれ以上に馬鹿げたことも起こるであろう。私の治療法の要点はそんなことではなく、私はただ、そのような発展がおこなわれるある種のケースがあることを確認するだけなのである。それも誰かに私が強制するのではなく、それが当人の内的必然性から生じるからである。私の患者たちのかなり多くの者にとって、このような事柄は、あくまでもおよそちんぷんかんぷんなことなのである。そう、彼らがもしそのような道を歩む可能性を持つとすれば、その道は彼らにとって、悲鳴をあげたくなるような邪道であろう。そして何よりも私が、彼らにその道に踏み入るのを思いとどまらせるであろう。超越的機能の道は、個人的宿命である。どんな場合でも、そのような道が心的な隠者生活、人生や世間に背を向けることと同一なのだ、と思ってはならない。それどころか、まったく逆である。そのような道がそもそも可能であり、成果があがるのは、そのような個人が自分に課する独特の世俗的課題が現実においても着手される場合に限られるのである。空想は生きたものの代替物ではない。人生に貢税を払う者に与えられる精神の果実なのである。逃避者は病的な不安だけしか体験しない。そのような不安は何の意味も生み出してはくれない。母なる教会へ戻る道を見出してしまった人も、このような道を知ることはないであろう。教会の諸形式には、疑いもなく大いなる秘儀《ミュステリウム・マグヌム》が含まれている。そのような人はこのなかで有意義に生きてゆくことができる。また正常な人間も、このような科学にしいたげられることは決してないであろう。なぜなら正常な人は以前から、自分の手の届く範囲のわずかなもので満足するからである。だから私が実際の出来事を書いているのであり、治療法を述べているのではない、ということをわかっていただくよう読者にお願いする。

　以上二つの空想例は、ポジティヴなアニマ活動とアニムス活動を表わしている。患者の積極的な関与の度合に応じて、アニムスとアニマの人格化された像は姿を消す。それは意識と無意識の関係の機能となる。しかし無意識的諸内容（まさしくこのような空想）が「現実化」されないと、そこからネガティヴな行動と人格化とが生じる。すなわち、アニムスとアニマの自律性である。心的な異常、普通の気分や「観念」からノイローゼに至るまでのあらゆる程度の憑かれた状態が現出する。すべてのこれらの状態を特徴づけるただ一つの事実がある。すなわち、ある未知の何物かが、大小は別として心《プシュヒェ》の一部を所有してしまって、自分の反抗的な、破壊的な存在をあらゆる知見、あらゆる理性、あらゆるエネルギーに抗してわがもの顔に主張し、そうすることによって意識に対抗する無意識の力を誇示する、という事実である。要するに、憑かれた状態以外の何物でもない。そのような場合、憑かれた心の部分は通常は、アニムス心理学ないしはアニマ心理学を展開する。女性の悪夢は、複数の男性の妖怪から成る。男性の夢魔は一人の女である。

　心《ゼーレ》というこの特異なる概念は、意識のとる態度にそれぞれ応じて、自立的に存在したり、あるいは一つの機能のなかへと姿を消す。この概念は、誰でも容易にわかるように、キリスト教でいう心《ゼーレ》の概念とはまったく関係がない。

この女性患者の空想は、集合的無意識によって生み出される類の内容の典型的な例である。形式はあくまでも主体的であり個人的ではあるが、内容は集合的である。多くの人間に現われる一般的なイメージや観念であり、つまり個人を他の人々と変りなくする諸断片である。もしこのような内容が無意識のままにとどまると、これらの内容によって個人は無意識のままに他の人々と混じり合ってしまう。換言すれば、他者と区別がつかなくなり、個人でなくなってしまう。

ここで、こういう質問が投げかけられるかもしれない。人間が個人となるのが、いったいなぜ望ましいことなのかと。個人化は望ましいだけではなく、不可欠なことである。他者との混合によって、個人の置かれる状態、個人のおこなう行動はすべて自分自身と一致しなくなる。つまり、無意識的な混合や未分離状態からは、本来の自分自身とはちがった自分であれという強制、そのようにふるまえという強制が生まれてくる。だからそのようなものと一致することもできなければ、それに対して責任を引き受けることもできない。自分の置かれた状態が、品位のない、不自由な、不道徳な状態だと感じられる。自分自身との不一致は、まさしく神経症的な堪えられない状態に他ならない。誰でもその状態から逃れ出たいと思う。このような状態からの脱出が可能となるのは、あるがままの自分だと感じられるように自分があることができ、ふるまうことができるようになった場合に限られる。そのような感じを人々は抱くのである。最初は多分漠然たるもので不確かである。しかし一歩一歩と進展するにしたがってだんだん強く、だんだん明確になってゆく。自分の状態について、自分の行動について、「それが私です、そのように私はふるまうのです」と言うことができたら、たといそれが困難に感じられようとも、その人はそれと一致しながら歩を進めてゆくことができるのである。たといそれに抗いつつも、それに対し責任を負うことができるのである。自分自身に堪えるほどむずかしいことはない、ということはむろん認められなければならない（「お前はいちばん重い荷を探したのだ。お前はそこに自分自身を見出したのだ」ニーチェ）。しかしこの最もむずかしい仕事さえ、無意識的内容と自分とを区別することができれば、可能となるのである。内向型人間はこれらの内容を自分自身のなかに発見する。外向型人間は人間という対象のなかに投影されたものとして発見する。両方の場合とも無意識的内容は眩惑的な錯覚を生じせしめる。それらの錯覚は、われわれ自身と周囲の人々に対するわれわれの関係を変造し、非現実的なものにしてしまう。かかる理由から個性化というものは、ある種の人間にとっては不可欠である。たんに治療上の必要性としてのみならず、高い理想として、人のなしうる最善の理念として不可欠なのである。これはまた、「汝のなかの内面である」神の王国という原始キリスト教の理念でもある、ということを指摘しておかなくてはなるまい。この理念の基盤にある考えは、正しい志操から正しい行動が生じるという考え、個人自身に端を発することのないような救済も世界改良もないという考えである。自分自身が養老院暮らしの人間、借金で暮らしている人間は、このような社会問題を決して解決することはないであろう――思い切った言い方をすれば、そういうことになる。

第四章　マナ＝人格

以下に述べる論究の基点となる素材は、前章で次の目標として述べたこと、それが実際に生じたケースである。その目標とは、つまり自律的コンプレクスとしてのアニマの克服であり、そのアニマを意識・無意識関係の機能へと変えることである。この目標を達成することによって、集合的なものや集合的無意識と自我とのあらゆる錯綜状態から自我を解き放つことに成功する。このようなプロセスによってアニマは、自律的コンプレクスのデモーニッシュな力を失う。つまり、アニマは憑かれた状態をもはや見せることもない。力が弱まっているからである。アニマはもはや未知の財宝の守護者ではない。もはやクンドリー、半神半獣の性格を持つデモーニッシュな聖杯使者ではない。もはや「女主人＝心《ゼーレ》」ではなく、直観的性格を持つ心理的一機能である。この機能について未開民族ふうに言えば、「心霊と話をするために彼は森に入ってゆく」とか、「私の蛇が私に話しかけた」とか、神話的な幼児語で表現すれば、「小指が私にそう言った」ということになろう。

私の読者でライダー・ハガードの『服従さるべき彼女』の物語を知っている人たちは、この人物の魔力をきっと思い出すであろう。「彼女」はマナ＝人格である。すなわち、オカルト的な、妖術的な特性に充ちた存在（マナ）で、魔術的知識や力をそなえている。これらの属性がすべて、無意識的な自己認識の素朴な投影から出ているのはむろんのことである。これをあまり詩的ではない言葉で表現すれば、およそ次のようなことになろうか。「心的な因子が私のなかで活動しているのを私は認める。その因子は、きわめて信じがたいけれども、私の意識的な意志の手におえないのである。その因子は、私の頭のなかに特別な考えを吹きこむことができるし、望まない、歓迎できない気分や情緒を私に生じさせたり、責任をとることができないような驚くべき行動へ私を駆りたてたり、他の人々に対する私の関係をいらいらさせるようなやり方で妨げたり、などということをすることができる。このような事実を前にして自分が無気力だと、私は感じている。そして最も都合が悪いのは、私がそれに惚れこんでいるということであり、そのため私がそれをまだまだ賞讃せざるをえないということである」（詩人たちはこれをしばしば芸術家気質と名付けているし、詩的でない人たちは別の弁解のし方をする）。

さて、「アニマ」という因子がそのマナを失うとしたら、マナはどこに行ってしまったのか。明らかに、アニマを支配していた者がそのマナを獲得したのであろう。マナ＝人物を殺害する者がその人物のマナを同化するというきわめて原始的な考え方にしたがえば、そうなる。

さて、アニマと対決したのは誰だったのか。明らかに、意識的な自我であろう。だからこそ自我は、マナを引き受けたのである。かくて意識的自我はマナ＝人格となる。ところでマナ＝人格は集合的無意識の支配的存在であり、強力な男性のよく知られた元型である。それは、英雄や、首長や、魔術師や、禁厭師《まじないし》兼聖者や、人間と心霊の主や、神の友という形をとって表われる。

さて、これは男性的な集合的人物像で、暗い背景から浮かび上り、意識的人格を手中におさめる。そして、やっかいきわまりない性質の心的な危険をともなう。というのも、アニマとの対決で獲得されたようなものを一切、意識のインフレーションを通して破壊してしまいかねないからである。したがって、無意識という職階的体系にあってはアニマはたんに最下位段階にしかすぎず、可能な形姿のうちの一つにしかすぎないということ、アニマの克服によってまた別の集合的人物が浮かび上り、それがアニマのマナを引き受けるのだということ、そういうことを知っておくことは実際面でなかなか大切なことである。つまり本当のところは、マナ、すなわちアニマの自律的価値を引き寄せるのは、——手っ取り早く名付けようとすれば——魔術師という人物像である。無意識のうちにこの人物像と私が一体化している限りにおいてのみ、みずからアニマのマナを所有している、と私はうぬぼれることができる。このような事情のもとでは、しかし私はそれを間違いなくやってのけるであろう。

魔術師という人物像は、女性の場合には、同じように危険な等価物を持つ。それは母性的な卓越した人物像、太母、大慈大悲の女神である。すべてを理解し、すべてを許し、つねに最善を欲してきたのであり、つねに他人のために生きてきて、決して自分のものを求めようとはしなかったのであり、偉大なる愛の発見者である。ちょうど魔術師が究極の真理の告知者であるように。そして偉大なる愛は決して真価を認められることはないであろう。ちょうど偉大なる知恵が決して理解されないように。しかもそれらはお互いに相手がなかなか我慢できないのである。

ここにはゆゆしい誤解があるにちがいない。なぜならこれは明らかに、インフレーションだからである。自我は自分にはないものをわが物としたのであった。しかしどのようにして、このマナをわが物としたのだろうか。アニマを克服したのがほんとうに自我であったのであれば、マナは自我のものである。そうすると、その人は重要人物となったのだという結論は正しいことになる。しかし、なぜそのような重要性は、つまり、マナは他の人々におよばないのであろうか。これこそは本質的な判断基準になるのではあるまいか。マナの効果がおよばないのは、その人が重要人物にならなかったせいではない。別の元型、別の無意識的人物像との混和にまきこまれてしまったからなのである。したがって自我はアニマを克服したわけでもないし、だからマナも獲得したわけではない、とわれわれは結論せざるをえない。たんに別の新しい混和が登場したにすぎない。父親イマーゴに照応した、同性の、あるいはより大きな力を持っているかもしれない人物像との混和である。

すべての存在を結びつけている力から
解放される人間、それは自己を克服する人間だ(ゲーテ『秘密』(叙事詩、断片)一九一〜二行)。

こうして、その人は超人間となる。あらゆる力に卓越し、半神であり、もしかするとそれ以上かもしれぬ……「私と父とは一体です」、こういうとてつもない、きわめて曖昧きわまりない告白も、まさにこのような心理的契機から生じている。

これに対し、われわれのあわれむべきほど窮屈な自我は、わずかの自己認識しか所有していない場合、ただ引きさがって、力と重要性についてのいかなる幻想もただちに捨てることができるだけである。錯覚があったのである。実際には、自我はアニマを克服しなかったし、したがってそのマナを獲得してはいなかった。意識は無意識の支配者となったわけではない。アニマがそのわがもの顔の不遜な態度を、自我が無意識とやり合うことができる程度に捨てたのである。しかし、このような対決は無意識に対する意識の勝利ではなく、両方の世界のあいだに均衡をつくり出すことであった。

「魔術師」が自我を手中におさめることができたのも、実は自我がアニマへの勝利を夢みたからである。これはいわば干渉であった。どんな自我の干渉も、必ず無意識の干渉をともなう。すなわち、

姿をいろいろと変えて、
怖ろしい力を揮うのがわたしです――（ゲーテ『ファウスト』第二部。一一四二六〜七行）

したがって自我が勝利の権利を撤回するならば、自動的に魔術師による憑かれた状態も解消される。しかしマナはどこにいるのか。魔術師さえもがもはや魔術を使えないとしたら、誰が、または何がマナになるのか。われわれが今までに知っているのはただ、意識も無意識もマナを持っていないということである。なぜなら、これは確実なのだが、自我が権力への要求を持ち出さなければ、憑かれた状態は生じないからである。つまり、無意識も支配力を失っているのである。したがってこの

ような状態にあってはマナは、意識的であるとともに無意識的であるか、それとも意識でも無意識でもない何物かの所属に帰してしまっているにちがいない。この何物かこそ、探し求めた人格の「中心点」である。諸対立のあいだの言葉では表現しがたい何物かである。対立を統一するもの、葛藤の帰結、エネルギー的緊張の「作業」、人格の生成、最も個人的な一歩前進、次の段階とでもいうべきものである。

問題全体を上のように大急ぎで展望したが、一つ一つすべての点にわたって読者がついてゆけるなどとは私は期待していない。これは一種の導入部であったとみなしていただきたい。もっと詳細な検討は、以下におこなうつもりである。

われわれの問題にとっての出発点は、アニマおよびアニムス現象を惹起する無意識内容が十二分に意識のなかに導入された場合に、そのあとに続く状態である。これは、次のように考えるのが一番いい。無意識的内容はさしあたっては、個人的雰囲気の事柄である。多分、例の男性患者の抱いた、上述の空想の類に表れたようなものである。のちになって、非個人的な無意識の空想が発達する。これは主として集合的な象徴表現を含んでいる。たとえば、例の女性患者の幻想の類に出てくるようなものである。これらの空想は、素朴に考えられるように、野性的で無秩序なものではない。これらの空想は一定の無意識的な基本線にしたがっているのであり、それら基本線はある一定の目標に収斂している。

したがってあとのほうの空想系列は成年式プロセスと呼ぶのが一番いいのではあるまいか。成年式プロセスがこれに最も近い類比だからである。ある程度組織化された原始的なグループや種族はすべて、しばしば異常なほど発達した成年式を持っていて、これは彼らの社会的および宗教的生活において、きわめて重要な役割を演じている。(1) この成年式によって少年は男性に、少女は女性にされるのである。カヴィロンド人たちは、割礼や切除を受けない連中のことを「動物」だとののしる。それはとりもなおさず、成年式の習慣が人間が動物の状態から人間の状態へと移行させられる魔術的手段であることを示している。原始的な成年式は明らかに、きわめて大きな精神的な意味を持つ変身の秘儀である。しばしば成年式を迎える人たちは、苦痛にみちた取扱いを受けることになる。同時に彼らには、種族の秘儀が伝授される。それは一方では、種族の掟や階級的体系であり、他方では宇宙論的な教義やその他の神話的教義などである。成年式というのは、すべての文明民族においても維持されている。ギリシアでは、最古のエレウシスの秘教儀式はどうやら七世紀に至るまで保持されていた。ローマは秘儀的宗教で氾濫していた。そのうちの一つがキリスト教なのであり、キリスト教は今日の形においてもまだ、むろん色あせて退化しているとはいえ、古い成年式儀礼を洗礼や堅信礼や聖餐式において保ちつづけてきている。したがってだれも、成年式の巨大な歴史的意義を否認することはできないのではあるまいか。

成年式のこのような歴史的重要性(エレウシス秘儀に関しての古代人たちの証言を比較せよ)に比肩しうるものを、現代人たちは持たない。フリーメーソン、フランス・グノーシス派教会、伝説的な薔薇十字団員たち、神智学などいずれも、歴史上の損失表において赤文字で印をつけられたほうがいいようなものに取って代る代用品ではあっても、貧弱なものにすぎない。事実は、無意識的内容のなかに成年式の全象徴表現が紛うかたない明確さで立ち現われるということである。これは結局は古い迷信で、まったく非科学的であるという異論は、頭のいい異論である。頭がいい、と言った。しかし、だれかが流行性コレラを見て、これはたんに伝染病にしかすぎない、かつまた非衛生的である、という意見を述べるのとまったく同じ程度の、頭のよさである。いくたびとなく強調せざるをえないけれども、これはなにも、成年式の象徴が客観的な真理か否かの問題ではない。これらの無意識的諸内容が成年式の実際と等価物であるかどうか、無意識的諸内容が人間の心《プシュヒェ》に影響をおよぼすかどうか、それだけが問題なのである。それらが望ましいかどうかも問題ではない。それらが存在していて、活動的であること、それで十分なのである。

この辺の事情に関して、部分的には非常に長い一連のイメージを読者に詳細に呈示するのは不可能である。したがって読者はさしあたり数少ない実例で満足していただきたいし、ついでながら、それらが整合的に積み上げた、目標に照準を合わせた連関である、という私の主張に信頼を寄せていただきたい。「目標に照準を合わせた」という語を使うにあたって、むろんいささかためらいがないわけではない。この言葉は、注意深く、制限付きで使用されることを望んでいる。すなわち精神病患者の場合の夢系列や、ノイローゼ患者の場合の空想系列において、それ自体の内部でほとん

1　ウェブスター著『原始的な秘密の社会』参照のこと。

ど無目標的に経過してゆくようなものを、われわれは観察することができる。先にその自殺空想のことに触れた、例の若い患者は、無目標の空想系列を生み出す一番の正道を歩んでいることになる。積極的に関与したり、意識的に介入することを学んでいなければの話である。積極的関与や意識的介入によってしか、目標への方向は生じないのである。無意識は、一面では意図を持たない純粋な自然事象であるが、他面、エネルギー的事象にもっぱら特徴的な、あの潜在的方向性を持った自然事象でもある。意識が積極的に関与して、プロセスの各段階を体験し、少なくとも予感しつつ理解すれば、そのつど次のイメージがそれによって獲得された一段上の段階にのぼり、そのようにして目標方向が生れる。

無意識との対決の次の目標は、無意識的内容がもはや無意識的ではなく、もはや間接的にアニマ現象、アニムス現象として表現されることのない状態の達成である。すなわちその状態においては、アニマ（およびアニムス）は無意識に対する関係の一機能となる。アニマとアニムスはそうでない限りは、自律的コンプレクス、すなわち妨害因子であって、意識の統制を打ち破って、まさしく正真正銘の攪乱者のようにふるまう。これは非常に広く一般的に知られた事実であるので、「コンプレクス」という私の表現も、その意味で一般的な使い方で用いられたのである。「コンプレクス」を多く持てば持つほど、その人間はそれだけ憑かれた状態になる。そしてコンプレクスによって自分を表現する人格のイメージを思い浮かべようとすると、場合によっては、それがヒステリックな女であるにちがいない、という結論にたどりつく。だからこそアニマということになるのである。

さてしかしながら、自分の無意識的内容を意識化したとする。最初は自分の個人的な下位意識の事実内容を、それから集合的無意識の空想を意識化する。そうすると、自分のコンプレクスの根源に到達する。それとともに自分の憑かれた状態の解消を達成する。それによって、アニマ現象も終止符を打つ。

憑かれた状態を惹き起こしたあのいわば強力なもの――私が振り落とすことのできないものは何らかの方法において私より卓越しているものであるにちがいない――は、論理的にはアニマと消えるはずであろう。つまり、「コンプレクスから解き放たれる」ことにより、いわば心理的に清潔になるはずである。自我が許可しないことは、もはや何も起こりっこないであろう。また自我が何かを欲するならば、何一つとして妨害して立ちふさがることはできないであろう。それによって自我は指一本触れることのできない地位を保証されたことになろう。確固たることは超人なみであり、卓越せることは完全な賢者も同然である。両方の人物像とも理想像である。片やナポレオン、片や老子。両人物像とも「並はずれて影響力のある人間」という概念に照応する。この表現はレーマンがその有名な論文のなかでマナを説明するのに使っている。したがってそのような人格を、私は要するにマナ＝人格と名付ける。マナ＝人格は集合的無意識の一つの支配的存在に相当する。人間の心《プシュヒェ》のなかで、いつからとは知れぬ太古から、それ相応の体験を通して形づくられた一つの元型に相当する。原始人は、なぜ他人が自分よりすぐれているか、分析しないし、究明もしない。他人が自分より賢く、強ければ、まさしくマナを持っているのである。つまり、まさにより強い力を持っているのである。その力を失うこともありうる。たとえば、それは睡眠中にだれかがその人間を乗りこえていったからであったり、誰かがその人間の影を踏んだからであったり、ということになる。

マナ＝人格は歴史的に見ると、英雄像になったり、生き神様になったりしており、生き神様の現世の人物像は僧侶である。医師もいかによくマナとなるかは、分析治療家に聞けばよくわかるであろう。どうやら自我が、アニマに帰属している力を引き寄せると、自我はそのままマナ＝人格になる。この発展は、ほとんど規則的な現象である。この種の発展プロセスの多少なりとも進歩したもので、少なくとも一時的にマナ＝人格の元型との同一化が起こらなかったようなプロセスには、私はいまだかつてお目にかかっていない。そういうことが生じるのは、この世でごく自然のことなのである。なぜなら、自分でそう期待するばかりではなく、他人もみな同じようにそれを期待しているからである。他の人々よりも深くのぞきこんでしまっているために、少しも自分のことを自讃しないのは、まずやむをえないであろう。他の人たちは、どこかにそれとわかる英雄なり卓越した賢者はいないか、父なる指導者、紛うかたなき権威はいないか、と見つけ出したい一心なので、喜び勇んで小型神様たちにも寺院を建ててやり、賞めそやすのである。かつて存在したものが、くりかえし存在するであろうということは、分別のない盲従者の哀れむべき愚行のみではなく、心理的な自然法則なのである。そして意識が原像の素朴な具体化を中断しない限り、やはりくりかえしそうであるだろう。意識が永遠の法則を変更することが望ましいことかどうか、それは私にはわからない。私にわかるのはただ、意識はこの法則を時折変更するということであり、そのような措置はある種の人々にとって大事な必要性であるということである。しかしこれによって、他ならぬその人たちが自ら父親の玉座に坐ることになり、そうすることによって古い規則をもう一度また正しい規則にするのである。そう、原像の絶大な力からどのようにしたら逃がれうるかを予測するのは、どうやら無理なようである。

この絶大な力から逃がれることができるとは、私は毛頭思っていない。このような力に対する態度を変え、それによって愚直にも元型のなかにとびこんで、人間らしさを犠牲にして無理矢理に何らかの役割を演じる羽目に陥るのを防ぐことができるだけなのである。元型による憑かれた状態によって人間はたんなる集合的な人物像に、一種の仮面になる。仮面の背後で人間らしさはもはや展開することはできず、みるみるいじけてゆく。したがってマナ＝人格という支配的存在の所属に帰してしまうという危険を意識しておかなければならない。その危険は、自分がその父なる仮面になるということだけではなく、他人がその仮面をつけたときにその仮面の所属に帰してしまうということのなかにある。師弟はこの意味で同じなのである。

アニマの解消は、無意識の推進的な力を見抜いたということを意味する。しかし決して、われわれがそれらの力を無効にしてしまったということではない。それらの力はいつでも新しい形で、われわれを襲うかもしれないのである。しかも、意識の態度に欠陥があると、まちがいなく無意識

1　最もキリスト教的な王は、民間信仰によれば、そのマナによって瘰癧を手を当てて癒すことができた。

の力はわれわれを襲うであろう。力は力に対抗する。自我が無意識をしのぐ力を持っているなどとうぬぼれていると、無意識はやっかいな攻撃をしかけてくる。この場合、マナ＝人格という支配的存在を使う。その絶大な勢力は自我を呪縛してしまう。これに対して身を護るには、無意識の力に対する自分の弱さを洗いざらい白状してしまうより他に手はない。そうすればわれわれは無意識に力で立ち向かうことにはならず、したがってわれわれは無意識を挑発することもない。

私が無意識についていわば人格的なもののように語るのが、読者にはもしかすると奇妙に感じられるかもしれない。そうするからといって、何も私が無意識を人格的なものと考えているという偏見を呼びおこす気は少しもない。無意識は、人間的＝人格的なものの彼岸にある自然事象から成り立っている。われわれの意識だけが「人格的」なのである。だから「挑発する」と私が言ったところで、無意識がいわば侮辱を受け——昔の神々のように——嫉妬や復讐心から人間に危害を加える、などということを考えているわけではない。むしろ私が言わんとしているのは、心的不養生とでもいうべきもので、それが私の消化の平衡を失わしめると考えられるのである。無意識は自動的に反応する。比喩的に私に復讐を加える私の胃袋のようなものである。私が無意識をしのぐ力を持っているなどと不遜にも考えていたら、それこそ心的不養生に他ならない。個人の仕合わせを考えると、避けた方が利口な、ためにならない態度に他ならぬ。

妨げられた無意識がおよぼす広大なおそるべき道徳的影響を考えあわせると、私の散文的比較はむろん穏やかすぎるかもしれない。この点に関しては、侮辱された神々の復讐に匹敵するとでもしておいたほうがよかったのかもしれない。自我をマナ＝人格という元型から区別することによって、否応なしに――アニマの場合とまったく同じように――マナ＝人格に特有な無意識的内容を意識化するようになる。歴史的に見ると、マナ＝人格はつねに秘密の名前なり、特別な知識なり、特別な行動をとる特権なり（――ジュピター神に許さるる事は牛には許されず――）を持っている。一言でいえば、個人的に傑出しているのである。マナ＝人格という元型を意識化するということ、それは男性にとっては父親からの二度目のほんとうの解放を意味する。女性にとっては母親からの二度目の真の解放を意味する。とともに、自分自身の個性をはじめて感じることを意味する。この過程のここの部分はまさしく、洗礼までも含む具象主義的な原始的成年式の意図に照応する。すなわち、「肉体的な」（あるいは動物的な）両親からの離別、「新生児《イン・ノヴァム・インファンティアム》」への再誕生、つまり不死と精神的幼児性の状態への生まれかわりである。これはキリスト教も含めたある種の古代の秘儀的宗教が形式化したとおりである。

マナ＝人格とは一体化しないで、逆にこれを絶対性（多数の人はこのことに非常に関心を寄せているように思われる）という属性をそなえた、きわめて現世的な「天上の父」として具象化する可能性がある。これによって無意識には、同じように絶対的な優位性が与えられることになるであろう[1]（もし信仰がそこまで行ってしまうとどうなるであろう！）。これによってあらゆる価値がそこへ流れてゆくことになる。その論理的帰結はどうであろうか。そこには哀れな、劣等的な、役立たずな、罪多い塊にすぎぬ人間が残されるだけのことである。周知の通り、このような解決は一つの歴史的な世界観となった。私はここではわずかに心理学という基盤の上を歩きまわっているだけで、宇宙に対しわが久遠の真理を口述筆記する気などさらさらないので、このような解決に対し次のような批判を述べておかざるをえない。私がすべての最高の価値を無意識の側に押しやり、そこから最高善をつくり上げるならば、私の最高善に心理的に張り合う、同じような体重と同じような規模の一匹の悪魔をまた発明するという、不快な状況に私が陥ったことになるのである。しかしどんなことがあろうとも私は控え目だから、自分がその悪魔と一体化することは絶対にないであろう。そんなことはあまりにも僭越であろうし、加えて堪えがたいくらいに、私の最高の価値と対立することになるであろう。そのようなことは私が道徳的な赤字をかかえることにもなり、決して私には堪えることができない。

したがって心理的な理由から私は、マナ＝人格という元型から神などというものをつくりあげないように、つまりこの元型を具象化しないように勧めたい。なぜなら、それによって私の価値あるものや無価値なものを神と悪魔に投影することが避けられるし、それによって私は自分の人間的品位を維持するからである。それは私自身の特殊な重量でもあり、無意識の諸力にもてあそばれる毬とならないために私がぜひとも必要とするものである。目に見えるこの世間とまじわっていて、自分がこの世の主だと思いこむ者は、きっと気が狂っているにちがいない。この世間にあっては当然のことながら、すべての卓越した因子に対しては、「無抵抗」という原理にみな従っている。一種の個人的なぎりぎりの限界に至るまではそうなのであって、その限界ではいかにおとなしい市民も冷酷な革命家へと豹変する。法律や国家の前にわれわれがお辞儀をするということは、集合的無意識に対してわれわれが一般的にとるべき態度にとっての、恰好のお手本なのである（「皇帝には皇帝のものを与えよ。神には神のものを」）。その限りでは、われわれが、お辞儀をするのもむずかしいことではあるまい。ところが世の中には、われわれの良心が絶対的にイエスとは言えない因子もある、そして――われわれはその前でお辞儀をしてしまう。なぜか。その方が逆よりも、実際的には堪えやすいからである。同じように無意識のなかには、われわれが絶対に賢明でなくてはならな

1 「絶対的」とは「桎梏から解き放たれた」ということを意味する。神を絶対的だと説明することは、いわば神を人間との一切の関係の外に置く、ということである。人間は神に影響をおよぼすことはできないし、神も人間に影響を与えることはできない。そのような神はまったくとるに足りない物であろう。だから当然のこととして、人間に対して、ちょうど人間が神に対してそうであるように、相対的である神のことしか問題にならないのである。神を「天上の父」としてとらえるキリスト教の考え方は、神の相対性をすぐれた形で表現している。蟻が大英帝国博物館の中味をとやかく言うほどのことも、人間は神のことについて口出しできないという事実は別として、神を「絶対的」とみなそうとする衝動は、神が「心理的」になるかもしれないという懸念から出ているにすぎない。むろん、このことは危険なことであろう。絶対的な神というものは、そもそもわれわれにはまったく関係しない。一方、「心理的な」神は現実的であろう。このような神は、人間のところに届きかねない。教会というものは、このような万一の出来事から人間を護ってくれるための、魔術的道具のように思われる。というのも、「生ける神の手中に陥るのは、恐るべき」ことだとされているではないか。

いような因子もある（「悪には抵抗するなかれ」、「不正な拝金主義者《マンモン》の小屋では友達同士になれ」、「世間の子供たちは、光の子供たちよりも賢い」。ゆえに結論として、「蛇のごとく慧《さと》く、鳩のように穏やかであれ」である）。

マナ＝人格は、一面ではすぐれて知っている者であり、他面ではすぐれて欲する者である。このマナ＝人格の基底にある内容を意識化することによって、われわれはどうなるか。一方では他の人人よりも少しばかり多くのものを学びとったという事実に、他方では他の人々よりも少しばかり多くのことを欲するという事実に、対処せざるをえない状態にわれわれは置かれたことになる。神々とのこのような不快な親近性が、あの哀れなアンゲルース・シレージウスの骨身にしみたことは周知の事実である。彼はあわてふためいて熱狂的プロテスタント信仰から、自信の持てなくなったルター主義への寄り道を経て、黒衣の母の懐の奥深くに立ち戻ったのである——残念ながら彼の抒情的才能や神経衰弱気味の健康のためにはならなかったが。

キリストも、そのあとでは使徒パウロもまさにこのような問題と格闘した。これは少なからざるさまざまの痕跡から明確に認めることができる。エッカルト師、『ファウスト』におけるゲーテ、『ツァラトゥストラ』のニーチェたちもわれわれにまたこの問題を近づけてくれた。ゲーテもニーチェも、克己の思想によってそれを試みている。ゲーテは魔術師で、見境いない意志人間を使った。その男はしかも悪魔を相手にする。ニーチェは君主的人間、卓越した賢者を使った。悪魔抜き、神様抜きである。ニーチェの場合、人間は独りである。ニーチェ自身のように。ノイローゼで、経済的に援助を受け、神もなく世間もない。これは、家族持ちで税金も払わなければならない現実の人間にとっては、理想的な可能性では決してない。世間という現実をわれわれから追い払ってくれることができるものなどない。これに関して奇跡的な方法などないのである。また何一つとして、われわれから無意識の影響を追い払うことはできない。あるいはノイローゼの哲学者はわれわれに、自分がノイローゼではないと証明できるであろうか。自分自身にすら証明できないのである。したがってわれわれはおそらくわれわれの心《ゼーレ》に関しては、内側および外側からの重大な影響のあいだに立たされており、なんとかして両者に対し公平にふるまわなければならない。これはわれわれの個人的な能力に比例してしかできない。したがってわれわれは、「何をなすべきであろうか」ではなく、何をなすことができるか、何をなさなければならぬか、それを自覚していなければならない。

こうしてマナ＝人格の解消は、その内容の意識化を通して、当然ながらわれわれをわれわれ自身へと連れ戻してくれる。われわれ自身といっても、二つの世界像と、それらのごく漠然としか予感されないが、それだけに明確に感知されるさまざまな力とのあいだに縛られながら、生存しつづける何物か、そのような存在としてのわれわれ自身なのである。この「何物か」はわれわれにとって他者であるとともに、きわめて近いものである。われわれ自身であるとともに、われわれ自身にそれと認められないものである。あらゆることを要求しても、動物と神々との親近性、水晶と星々との親近性を要求しても、われわれを驚かせもしなければ、不信の念をひき起こすこともないほど、きわめて謎めいた体質をそなえた潜在的な中心点なのである。この何物かは、何でもあらゆるものを要求する。正当にこの要求に対置させうるようなものは、われわれは何一つ手中に持っていない。しかも、この声を聞くのはためになりさえするのである。

この中心点を、私は本来的自己と名づけた。知的には、本来的自己《ゼルプスト》は心理学的一概念以外の何ものでもない。われわれには認識しがたい実体を表現させようとする一構造である。この実体をそのものとしてわれわれは把握することができない。なぜなら、それはわれわれの把握能力を超えているからである。それはこの定義から当然のことである。この実体はいわば「われわれのなかの神」とも名づけられよう。われわれの魂《ゼーレ》の生活全体のもろもろの端緒は、解きがたくもつれ合いながらも、この一点から発生しているように見える。また一切の至高の、かつ究極的な目標は、この一点を目差しているように思われる。このような逆説は避けがたいものである。われわれの悟性の能力の彼岸にあるようなものをわれわれが知ろうと試みるときは、つねにそういうものである。

注意深い読者には十分におわかりいただけたと思うが、本来的自己《ゼルプスト》と自我との関係は、まさしく太陽と地球とのそれと同じである。二つは取り換えられない。またこれは人間の神格化でもなければ、神の貶下でもない。われわれ人間の悟性の彼岸にあるものは、いずれにせよ悟性の手には届かないのである。したがって神という概念をわれわれが使用するのは、それによって要するにわれわれはある一定の心理学的事実を形式化しているのであって、つまり、それはある種の心的内容の自主独立性と優位性のことである。それは、意志を妨げ、意識を悩ませ、情緒や行動に影響をおよぼすという能力のなかに表わされている。説明しがたい気分や、ノイローゼ的障害や、制御できない悪徳さえもが、いわば神の徴候であるということには、おそらくみな激怒するであろう。しかし、もしかすると好ましくないかもしれないそのような事柄が、自律的な心的内容の全体から人為的に引き離されるならば、それはまさしく宗教的体験にとってはとりかえしのつかない損失ではあるまいか。このような事柄を、「他ならぬ」式の説明で片づけるのは、厄払い婉曲語法(1)というべきである。それによってこれらの事物はただ抑圧されるだけであろう。それによって普通は、たんに見かけだけの利益が得られるのみである。ちょっと修正された錯覚にしかすぎない。それによって人格は豊かになるわけではない。人格は貧しくなり、忘却に付される。現在の体験や認識には悪いもの、あるいは少なくとも無意味で無価値だと見えるものでも、一段高い体験段階、認識段階には善の源泉と見えることもありうる。むろんその場合にすべては、七人の悪魔の一人がどんな使い方をするかにかかっている。それらを無意味と片づけてしまうことは、人格から、それに照応する影を奪ってしまうことになる。それによって人格は姿形を失う。「生きている姿形」は深い影を必要とする。影あってこそ、立体的な姿となって現われることができる。影なしでは、それは平面的な幻影であるか、あるいは――場合によっては育ちのいい子供かである。

これによって私は、次のようなわずかの簡単な言葉が言い表わしているように思われる以上に、はるかに重大な問題をほのめかしていることになる。つまり、人類は大きな主要事においては心理

1　好ましくない事に、不評を避けるため、いい名称を与えること。

学的にはまだ幼児の状態にあるのだ――ということである。これは跳びこえられない一段階である。大多数の人々がはなはだしく権威と指導と法律を求めている。この事実は見逃がしてはならない。聖パウロ流の法律の克服などということは、良心の代りに魂を置くことをわきまえているような人にしかできない。そのようなことは、ごく少数の人々にしかできないことである（「多くの人々が召命されている。しかし選ばれた人は少数である」）。そしてその少数の人々がこの道を踏み出すのも、ただ内面からのたっての要請によるものである。やむをえず、とまでは言わない。というのも、この道はナイフの刃のように狭いからである。

神を自律的な、心的な内容として把握することは、神を道徳的な問題にする――これは明らかに非常に不快である。しかしこの問題が存在しないと、神も現実的ではない。現実的でないと、神はわれわれの生活のなかにどこからも入りこんでくることができなくなる。そうなると、神は歴史的な概念の妖怪か、あるいは哲学的感傷である。

「神的なるもの」についての考えをまったく放ってしまって、自律的な内容だけを話題にするとしてみよう。そうすれば、われわれは知性的および経験的にはあくまでも正しいことになる。しかしこれによってわれわれは、心理学的に欠かせない特色を一つ消してしまうのである。すなわち、「神的なるもの」という考え方をわれわれが用いるならば、それによってわれわれは、自律的な内容の影響をわれわれが体験する際の独特のやり方を見事に言い表わしている。「デモーニッシュ」という表現も使用することができるであろう。それによって、われわれの希望や考えに余すところなく照応する具象化された神をさらに一人どこかにわれわれがたくわえている、ということを暗示することにならなければである。われわれの知性的奇術ぐらいでは、ある存在をわれわれの希望どおりに現実に移しかえることはとうてい無理な話である。ちょうど世間のほうもわれわれの期待にはなかなか順応しないのと同じである。したがって自律的内容のおよぼす影響に「神的な」という属性を付与すれば、それによってわれわれはその相対的な優位性を認めたことになる。そしてこの優位性こそ、最も考えにくいことさえも考えること、それらの影響に対して公平であるために最大の苦悩さえもわが身に課すこと、それを人間にいつの時代にも強要してきたのであった。この力は飢えや死に対する不安と同じように現実的なのである。

本来的自己は内面と外面とのあいだの葛藤の一種の代償作用としても特徴づけられるかもしれない。このような定式化は、本来的自己が、一つの結果、一つの到達された目標であるという何物か、また徐々にしかその状態にならなかった、そして苦労を重ねた末に体験された何物かという性格を持っている限りにおいては、決して的はずれではあるまい。このように本来的自己は、人生の目標でもある。なぜなら、それは個人と名付けられている運命結合体の完璧きわまりない表現だからである。しかも、個々の人間のではなく、一人が他者を補って完全なイメージとするグループ全体の表現となっているからである。

本来的自己の感知は、いってみれば非合理的なものである。定義しがたい存在で、自我はそれに対立するのでもなければ、服従するのでもなく、それの味方となる。地球が太陽のまわりを回るように、いわばそのまわりを回るわけである。このような本来的自己の感知とともに、個性化という目標は達成されることとなる。私が「感知《エンプフィンドゥング》」という語を使うのは、それによって自我と本来的自己との関係の持つ察知するという性格を打ち出すために他ならない。この関係には、認識すべきものはない。本来的自己の内容について何一つとしてわれわれは述べることが不可能だからである。自我だけが、われわれの知っている、本来的自己の唯一の内容である。個体化した自我は、自分を未知の、上位のある主体の客体であると感ずる。心理学的確認はこのあたりで極限に到達したように、私には思われる。本来的自己という考えは、それ自体すでに先験的要請であるからである。これは、心理学的には正当化されえても、科学的には証明が不可能だからである。科学の域外へ一歩踏み出すことが、ここに記述した心理学的発展の絶対的要求である。というのも、このような要請がなければ、この体験的に生ずる心的過程を十分に定式化しえないであろう。したがって本来的自己が少なくとも要求することができるのは、せいぜい一仮説という価値である。原子構造の仮説と同じである。そして——ここでもわれわれはまだ一つのイメージのなかに含まれていなければならないとすれば——これは強力な生命体であって、これを解釈することはいずれにせよ私の可能性の手には余る。それが一つのイメージであること、ただしわれわれがまだ含まれているイメージであることは、私はまったく疑っていない。

この書物で、読者の理解力に過大の負担をかけたことを、私は重々承知している。理解しやすいように道をならそうと、私は苦心を重ねはしてきた。しかし一つの困難だけは取り除くことはできなかった。すなわち、私が述べていることの基盤となっている数々の体験は、おそらく大多数の人人にとって未知であり、そのため異様なものであるという事実である。だから、読者のみなさんが全員残らず私の結論についてきてくださるであろう、とは思っていない。どんな著者でも、読者に理解してもらうことを喜びとするのは、ごく自然の成り行きである。しかし本書では私のいろいろな考察の解釈を私はあまり前面には押し出さないで、むしろまだほとんど解明されていない、広大な経験領域があるという事実を示唆することを念頭に置いた。この書物を通して、多数の人々がこの領域に通じていただきたいと念願してやまない。この今まではほとんど知られていない領域には、意識心理学がこれまで近づきもしなかった多くの謎に対する解答がひそんでいる、と思われてならない。いずれにせよ、そのような解答を最終的に定式化したなどと主張する気は、私には毛頭ない。だから、本書が一つの解答への手探りの一つの試みと認められれば、望外の幸せである。

訳者解説――無意識とユング

一　無意識とは何か

「無意識の発見は、これまで究めることができなかった宇宙空間を飛んだ宇宙飛行にも匹敵する、二十世紀における人間精神の金字塔である。この精神の未知の空間への道を開いたパイオニアが、フロイト、アードラー、ユングである」と、上智大学トーマス・イモース教授は一論文（『ドイツ文学における深層心理的原型』）を書き起こされている。森鷗外は五十歳のときに草した『妄想』のなかでハルトマンに触れて哲学的色合いの濃い「無意識」という概念を紹介している。むろん鷗外がフロイトやユングの無意識に触れた形跡はないが、『妄想』が世に出てから約一世紀、鷗外がおもむろに持ち出す「無意識」にくらべると、今日のわれわれはいとも気軽に「無意識」という語を使用している。「無意識に言ってしまった」とか、「つい無意識のうちにしてしまった」などと言う。「それと意識しないで」、「明確に自覚することなしで」くらいの意味であろうか。むろん深層心理学における無意識は、これほど単純な機能や内容をさすものではない。が、無意識という言葉はいずれにせよ、われわれの語彙のなかにすっかり定着してしまった感があり、おなじみの日常語と化しているようである。「本能」という語にくらべると、生物学的色彩が薄く、形而上性が濃い。「神」という概念に比較すれば、はるかに肉体的なものに近い、人間くさいイメージを持つ存在である。不可視であり、かつ身近であるという特質をそなえた存在として、自然界の風をたとえば挙げることができるかもしれない。風を謳った有名な詩をもじれば、次の如くである。

だれが「無意識」を見たでしょう。
ぼくもあなたも見はしない。
けれど「意識」をふるわせて、
「無意識」は通りすぎてゆく。

肉体と精神、からだと心という関係に無意識が一枚加えられたという事実、すなわち、心のなかの無意識という要素の認知は、人間の精神史において画期的な事件であった。従来の常識打破という点にかけて、つまり、その革命性・反逆性という特色において、無意識の発見は、二十世紀という枠をこえて、地球の公転を説いたガリレオの地動説から地球の球体たる事実を立証したコロンブスの新大陸発見に至る一連の「地球の地球たることの発見」の作業に優に比肩されうる、劇的な出来事といっていい。

フロイトの場合、彼の小論文『無気味なもの(Das Unheimliche)』は、無意識概念を説明するのに教唆的なタイトルを持っているように思われる。フロイトはドイツの国語辞典の説明を引き合いに出しながら証明してゆくのだが、「無気味な unheimlich」という形容詞は heimlich (日常的な、馴れ親しんだ) と深い結びつきがあると確認し、unheimlich の接頭辞 un- は抑圧の印であると結論する。まさしくフロイトの無意識 (das Unbewußte) は意識 (das Bewußte) を抑圧したものに他ならない。意識されないというのは、抑圧を受けたということである。むろん人間生活の道徳的規範に照らして意識から抑圧排除されたわけで、その意味で無意識の中味は負の、マイナス記号の付いたものである。無意識は、仕方なく不可避なゴミ捨て場、不用品・廃棄物収容倉庫とみなされているのである。

ユングの無意識の考え方は、これと異なる。ユングは無意識には、二つの層があると想定した。意識に隣接している個人的無意識の層と、その個人的無意識の底に横たわる集合的無意識の層とである。「集合的《コレクティーフ》」は「普遍的」という訳語が当てられることもあるように、太古から先祖代々にわたって伝えられ、かつ人類一般に普遍的に遍在する無意識で、各個人はそれを少しずつわかち持っている、とするわけである。そしてこの集合的無意識を非常に有用なもの、人格形成に欠くべからざるもの、生のエネルギー源の宝庫としてとらえたのである。

ユングがゲーテの『ファウスト』に愛着を持っていたことは、自伝でも述べられているし、多くの論文に『ファウスト』が登場し、現に本書で何度か『ファウスト』が引用されている事実からもうかがわれる。さて、このユングと切っても切れない『ファウスト』について、第一部と第二部の違いに注目したユングはこう定式化した(『心理学と文学』)。『ファウスト』第一部(悪魔メフィストとの契約から恋人グレートヒェンの死まで)は、作者の意図のもとに日常的秩序の統制下にあるが、第二部(ヘーレナとの結婚を経てファウストの昇天まで)は、荒唐無稽なイメージが氾濫する世界で、まさしく集合的無意識が働きかけて創り上げたのだ、と。今日でも切り離して舞台上演される第一部だけでかりに『ファウスト』が終っていたとしたら、今日の『ファウスト』評価は、まったく異なった様相を呈していたにちがいない。通俗的世話物に近い筋立ての第一部とはまったく異質の、たとえば母たちの世界、また古典的ワルプルギスに代表される元型的像やイメージが蝟集する第二部がなければ、『ファウスト』という作品全体の魅力は半減し、全人類の古典としての存在理由を持たなかったであろう。表面の意識から深層の集合的無意識にまでおよぶ人間の心の構造を、第一部と第二部から成立する『ファウスト』は象徴的に物語っているかのようである。あれだけ自伝のなかで情熱をこめて『ファウスト』を語るユングのことである。もしかすると『ファウスト』のかかる作品構造は、ユングの無意識説の確立にあたって微妙に関与したにちがいない、とも想像される。

そして、この無意識のなかに秘められた創造性、生産性の評価こそは、ユング思想の本質をなすものである。これは、人間存在の光の部分と闇の部分とを合わせて承認し、肯定する態度に他ならない。これこそはユングが積み上げていった諸考察を貫く基調音である。またユングの思索全体から看取される楽観主義の根源なのである。

二　「集合的無意識」観的発想のいくつかの実例

無意識についてのフロイト理論の行き詰まりを、ユングは患者の夢の解釈にあたって認めざるをえなかった。夢の神話的イメージは、ユングを個人的な幼児期を越えた歴史的・人類的なものへと向かわせた。その集合的無意識概念の構築にあたって、古今の文学作品、詩人たちの着想にユングは貴重な示唆を得ている。拠りどころとなった詩人や作品は、本書においても若干顔を出している。先述の『ファウスト』のゲーテ、『ツァラトゥストラ』のニーチェは、その双璧であろう。アルフレート・クービンの『裏側』も、ライダー・ハガードの『彼女』（邦訳『洞窟の女王』）と並んで欠かせない。『彼女』に至っては、集合的無意識の元型の代表格の一つ「アニマ」を説明する切札的存在の感すらある。

ユングが自己の深層心理学と文学との係り合いについて論じたものに、いずれも小論文とはいいながら、『心理学と文学』『分析心理学と文学作品との諸関係について』がある。とくに後者は、文学もしくは芸術一般についてユングらしい考察がわかりやすく展開されていて、ユングの芸術観を知る絶好の文献である。あるいは、芸術・文学の面からユングに近づくのに手頃な読み物である。この論考で、まずユングは個人的無意識と集合的無意識を峻別し、「詩作とは日常語《ヴォルテ》を使って始原語《ウルヴォルテ》を鳴りひびかせることである」と言ったドイツの作家ゲルハルト・ハウプトマンの発言を援用しつつ、こう結論する。集合的無意識の元型的イメージに触れることこそ、芸術作品のもたらす感動の秘密に他ならぬ、と。つまり、元型的イメージは人類が太古からくり返してきた無数の体験の集積であり、平均であり、元型的イメージが芸術創造によって作品のなかに完成されることは、個人的・一回的なものが、全人類的・恒常的なものへと普遍化されて表現されたことである。作品を通じてこれに出会うとき、ふだん埋没してしまっている生命の内奥に通じる根源の道をわれわれは見出すのである。いわば、日常性・個人性を越えた人間存在の普遍的原点に到達したときに生じる共鳴こそ、芸術作品の与える感動なのだ、というわけである。すべての芸術・文学作品がこの尺度で律しきれるわけでないのは当然である。ユングもそれは断っている。しかし、『ファウスト』第二部をはじめとして、ある種の作品解明にきわめて有効であり、その限りで興味深い立論と言わざるをえぬ。

内外の研究者がユングとの連関で触れる作家・詩人は、アニマ像、あるいは個性化過程とその力点の置き方によって違ってくるが、ドイツ文学に限れば、ロマン派のノヴァーリス（『青い花』）があり、リルケ（『ドゥイーノ悲歌』）があり、ヘッセ（『デーミアン』）があり、『パルツィファル』以下の一連の教養小説の系譜もこれに加えられる。

『近代精神史におけるフロイトの位置』において、詩人ノヴァーリスとフロイトの精神分析との類縁関係に照明を当てたトーマス・マンは、「フロイトのリビード説は、要約して言えば、神秘主義の衣裳を剝いで自然科学となったロマン主義である」と言い切った。さて、そのマンが『フロイトと未来』のなかで、自作の『ヨーゼフとその兄弟たち』を解説しつつユングを持ち出しているのは興味深い。遠大なこの物語の序章『地獄行』の冒頭、「……人間存在の始原、歴史や文明の発端は、深く探れば探るほど、遠く過去の暗闇の中へ分け入れば分け入るほど、それを測量するのは全く不可能だということがわかってくる。われわれがいわば過去の中に沈める測深鉛は、その紐をどれほど思いきって繰りのべてみようとも、底をつくということがない……」（高橋義孝訳）は、しばしば引用される個所である。かかる認識を基盤とする『ヨーゼフ』物語は、「生きられた神話」だと規定しながら、この作品の特色たる非個人的なもの、神話的・典型的なもの、根源的・原形的要素をマンは『フロイトと未来』のなかで強調する。フロイト生誕八十年の記念講演であってみれば仕方あるまいが、ユングの取り上げられ方は微妙である。「この精神分析という学問の賢くはあるが、いささか忘恩的な弟子C・G・ユング」（傍点筆者）と形容されたり、「ユングはとりわけ好んで……精神分析学の諸成果を、西洋的思想と東洋的秘教とのあいだの理解の架け橋として利用している」（傍点筆者）という扱いを受ける。フロイトの『トーテムとタブー』などを楯に、人類の幼年期や原始的・神話的なものへと遡及する創作態度と、フロイトの見解との親近性をマンは主張する。しかしマンが「人間の魂の深部は、同時に太古でもあり、神話の故郷であり、生の根源的規範と生の原形が基礎を置いているところの、さまざまな時代の、あの泉の深部でもある」と述べるとき、これはユングの集合的無意識の思想と見事に照応していると言わざるをえない。事実マンは、「非常に面白いことに――面白いのは別に私ひとりと限らないであろうが――この作品においては、まさに学者ユングが東洋の叡知に帰せしめたあの心理学的神学が支配的地位を占めている」とも言っているのである。いずれにせよ、『ヨーゼフ』物語四部作が集合的無意識と文学作品との接点に位置する大作であることは疑いを入れない事実である。

もともとそれが普遍的思考であるがゆえに、偶然にも同じような思考がなされる場合がある。これをトーマス・マンはマン流に「自立的な依存というものが存在するものである」（『近代精神史におけるフロイトの位置』）と表現している。ユングに関して、この現象はなにもドイツ語圏だけとは限らない。ユングの集合的無意識と類似の発想は、至るところに見受けられるようである。

たとえば、唐突かもしれないが、「人生は緊張と緩和との共存」だとつねづね語る落語家桂枝雀の落語観・人間観にもそれを見出すことができる。枝雀師匠はその芸談（NHKテレビ一九八〇年十一月二十八日放映）で、高座の理想を披瀝しながら言う。「人間はほんとうは、こうして個々に分かれておりますけどねェ、大きな魂のプールから派遣されてきておるように思いますねェ」。つづけて、餅をたとえに出して、おおむね次のようなことを語るのである。「人間は個的存在としてそれぞれ分化されているが、ちょうどそれは大きな餅があって、そこから小餅に分かれたようなものだ。小餅になって薄皮が張る。時間が経つとともに、その皮が厚くなる。その結果、小餅同士が互いに他人同士として、つのつき合わせてしまう。もともと大餅であったことを、つまり、気持の上ではみな一つのものであって、ほんとうは地下では結ばれていることを忘れてしまっている。大餅であるということの擬似体験、それはいっしょに笑い合うときになされうる。元来そうであるべき大餅であるということの体験の機会を、人間は少しでも多く持つべきである。落語を通して、笑いを通してそれができたらと念じている」と。これはまさしく、集合的無意識と相通じる人間観ではあるまいか。それを咄家枝雀は、彼の人生経験、芸体験を通して、咄家らしい巧みな比喩でわれわれに語りかける。ユング思想と枝雀芸談と、ここに一つの「自立的依存」関係がある。

あるいはルネサンス時代の画家ブリューゲルの絵の世界のなかに、集合的無意識の考え方と相似する思念を見てとるのは難しくない。いや、正確には、ブリューゲルの絵画の秘密を探る中野孝次著『ブリューゲルへの旅』の観想のなかに、とむしろ言い直すべきであろう。人をして落着きと安らぎの気分へといざなう静謐な魅力を湛えたこのブリューゲル頌は、前奏的性格を持つ俳句「そもそものはじめは紺の絣かな」と「蜩の鳴く裏山をいつも持つ」という二つの句に導かれる思索のなかに、ユングのユの字が登場するわけではない。にもかかわらず、この書物にはユング的思考と共鳴するものが確かに息づいている。昭和十年代から終戦直後の時代を背景にして野間宏は『暗い絵』において、ブリューゲルの描く庶民たちの姿に、しいたげられた大衆の呻吟と苦悩と抵抗を見た。レオナルドの冷静な科学的探求、デューラーの酷薄な客観的観察と対比させて、ブリューゲルの現実把握の特徴を「内的共感による外的洞察」だと規定する中野孝次氏は、彼の絵に登場するネーデルランドの人物群に、個性とか自我を越えた人間の同一性・匿名性を看取し、生の始原の形を確認するのである。論拠の一つとして援用されるK・レーヴィットの一節、「それは局限されない分離されないもの、すなわち a-perion ――シナの道《タウ》に比すべきもの――でしかありえない。ところが、限界のないものはすなわち不死であり不壊《ふえ》である。原初の本源、すべての生成し消滅する物の始原《アルケー》それ自体は、生成したものではない。それには始めも終りもない。すなわち、それは常にある。この永続的な、始めも限界もないものから、一切は生じ、一切は再びそれに帰って行く」(『世界と世界史』柴田治三郎訳)は、ゲーテ『ファウスト』第二部の一句「形を造る、形を変える、永遠なる思念の永遠なる戯れです」を媒介項として、ユング思想の根底に紛うかたなく結びつく(ゲーテのこの一句は、ユングの好んだ引用句である)。そして中野氏がブリューゲルの人物たちを見て、「このほとんど個性を欠いた、個というよりは類の顔というにちかい顔と、ほとんど宇宙のメカニズムの一部といいたいほどたしかな『もの』となりきっている肉体のいちじるしい対比は、まるで人間世界《ムンドウス・ホミーヌム》の原型がそこにあるという印象を与える」と記し、かつ画家最後の絵の画面から、「これでよいのだ、これが人の世でありこれが宇宙の営みのなかの人間存在なのだ」という肯定的な楽観論的空気を感得するのを知るとき、われわれは片やブリューゲルの芸術世界、そして『ブリューゲルへの旅』という一書の空間と、片やユングの世界観――フロイトとの比較の上でしばしば指摘される光と闇、善と悪の承認というユングの楽観主義も含めて――との類縁性を察知しないではいられない。『ブリューゲルへの旅』を通して、われわれは今やブリューゲルを見る新たな視座を獲得し、ブリューゲルの世界が広げられ、深められたと言えるのである。日本の一現代作家を通してのブリューゲルとC・G・ユングの結びつき、ここにも「自立的依存」関係があると結論づけられよう。

『ブリューゲルへの旅』ついでに言えば、最後に引用されている「春の岬旅のをはりの鷗どり……」に誘われ、三好達治の詩の世界を覗いて、ユング的なもの、始原的発想を読みとることも不可能ではない。この詩人には「……しづかに彼の耳に聞えてきたのは、それは谺になった彼の叫声であったのか、または遠くで、母がその母を呼んでゐる叫声であったのか……」(『谺』)という詩もあるし、「……それは父の手を濡らし/それは父の心を濡らす/それは遠い国からの/それは遠い海からの/それはこのあはれな父の　その父の/そのまた父の　まぼろしの故郷《ふるさと》からの/鳥の歌と　花の匂ひと　青空と/はるかにつづいた山川との……」(『涙』)という詩もある。こういう詩人の魂をたどってゆけば、例の余りにも有名な『雪』(「太郎を眠らせ、太郎の屋根に……」)の小宇宙にひそむ元型的イメージを探ってみたい誘惑をおぼえるのは、邪道であろうか。

それはともかく、少なくとも若干の実例が示すように、集合的無意識の考え方は、広く遍在しており、人間の共有する思考だと言えそうである。

三　ユング理論の特性若干

集合的無意識の発見、提唱は深層心理学におけるユングの一大功績である。集合的無意識こそはユング理論の基盤に他ならない。そして無意識を人生の創造的可能性を有する宝庫とみなす積極的評価の立場に、無意識を本能抑圧の場としてしかとらえなかったフロイトとの決定的な違いがあることはすでに指摘した。ここで思想史的・人間存在論的見地から眺めたユング理論・ユング思想の特性とでも呼べるものをいくつか挙げておこう。

（1）錬金術的理念との親近性

個人的無意識の底に深く広がる集合的無意識の深層に降りてゆき、元型という姿でさまざまの異形がひしめく闇と対決し、克服して創造の可能性を探求すること。換言すれば、人格の統合、本来的自己の完成、生の全体性の獲得。それが生の過程であり、課題であるとユングは説く。ヨーロッパの歴史の底流にひそむ錬金術師の仕事のなかに、究極の金を目差す変容の過程に、自己実現の過程、つまり、無意識のなかにひそむ人格部分の救済の作業の投影をユングは見た。錬金術の卑金属から金をつくる作業は、物質（＝人間の外にあるもの＝意識以外のもの＝無意識）から宇宙の魂（＝究極的自己）を救い出すことを意味する。キリスト教によれば、人間は神によって救済されるべきものである。それにひきかえ錬金術は、人間は救済をおこなう者であるとした。こうして錬金術は、救済を軸として考えるとき、キリスト教の対極に位置することになる。ヨーロッパ精神の正統に対する異端に他ならない。錬金術理念の研究に多大のエネルギーを傾けたユング自身、自分の思想は新発明でも突然変異でもないこと、錬金術思想の系譜の一員たることを確認する。すなわち、キリスト教を主流とするヨーロッパ精神の底層に連綿と続く精神の流れにユングは位置づけられるのである。たとえばトーマス・マンも、精神分析学にドイツ・ロマン主義と同質のものを見ている。夢・病気・無意識との連関から、魂の夜の側、前理性的・魔神的領域の住人という性格を、精神分析学は付与されている。しかしユングの深層心理学の占めるべき精神史の座標軸は、縦横ともに一段と広げられるべきであろう。錬金術を深層心理学的にとらえることによって、その居住空間たる闇は、きわめて豊饒なる闇へと変貌をとげたのである。ちなみに錬金術理念の研究は大著『心理学と錬金術』に結実を見た。これは錬金術的思想の系譜における一大記念碑である。

（2）ユング理論の思弁性

「錬金術というのは卑金属から金をつくるわけで、そのプロセスと人間の心の変化のプロセスはパラレルに考えてよろしいというわけです。で、結局金はできないわけですから、錬金術師たちが必死に考えたいろいろな理論は人間の心の変化のプロセスを金をつくるプロセスになぞらえて書いてあり、一種の内面的な哲学になる、とユングは読みとるのです」というのは、フロイト学者小此木啓吾氏と対談したユング派の第一人者河合隼雄氏の指摘である。本書でもわれわれは、ユング自身が本来的自己《ゼルプスト》を説明しようとする際に、もはやこれは自然科学の領域を越える、科学的証明は不可能だと告白するのにぶつかる。因果律に則して過去へ還元し、幼児の性欲動へと遡るフロイトの過去志向に対し、ユング理念の特色は、未来志向的であることである。本来的自己を目標とする個性化過程、人格統合は、まさに因果律とは逆方向の総合性を示唆している。そこに超越的性格が色濃く出てくるのは当然であろう。理論性の強い、自然科学的な、合理主義的面を重んじるフロイト理論と比較するとき、ユング理論は、人文的で、内面的で、思弁的な雰囲気が強い。そこにユング理解の難しさがある反面、多面的な関心を惹く秘密が存するのであろう。

（3）ユング理論の反主知主義性

フロイトの合理主義的思考と対蹠的であるという特色こそは、二十世紀も末に近い現代の日本においてユングブームといわれる風潮を招来している最大の原因の一つに数えていいのではあるまいか。つまり今日の技術社会、管理体制、物質文明への懐疑・反撥・反省から生じきたった人間疎外脱却の要請としてのユング信奉とでもいうべきものである。前項の特性との連関のなかで述べたユング理論の未来志向性は、論理を捨象しての飛躍といおうか、一種の飛翔とでもいうべき特質をそなえている。論理的整合性＝因果論的ペシミズムの対極としての、実践的飛躍性＝未来志向的オプティミズムである。機械万能、知性優先に走りがちの現代風潮に対して唱えるべきは、人間性回復、感性復権を希求する声であろう。ユング思想は、いわば潜在的にかかる声を内包している。たんなる神経症治療理論・学説の域を越えた人間存在一般の把握・認識の手段として、つまり、人間論・文明論のレヴェルでユング理論は広範囲の人々をその圏内にまきこむのである。先述のオプティミスム、楽観主義とは、本来的自己を追尋して人間として「生きる」という積極的姿勢にもつながる。多様な形で露呈する機械支配、人間性排斥という現代文明の病弊、歪みに対する有効な手だてとして、ユング的思考への渇仰には熱い期待がこもっているのである。

（4）ユング思想の現代性

現代文明の闇の部分からの人間救済という使命に応える可能性を有するということは、ユング思想の新しさの実証でもある。日本を含めた世界的な今日の精神状況を、的確に予知していたかのごとくである。予知的であると同時に、普遍的妥当性を持つことの証左である。とくにユングが今日的であると言いたいのは、次の理由からに他ならない。すなわち、誤った子ども中心主義の跛扈する憂うべき現状をかかえた日本は、冷酷な現実として、高齢化社会、老人社会を迎えつつある。平均寿命の著しい伸びという事情も手伝って熟年成人の生き甲斐の問題が、定年後の人生設計なども含め、今日ほど真剣に問われている時代はあるまい。無意識と意識的自我との関係を明らかにしつつユング理論の雛型を呈示する本書から、かつこの書物の直前に置かれるべき『無意識の心理(学について)』から、両書から熟年の生きる道、中年以降の生き方の示唆を読みとることができる。『無意識の心理』では、「人生の午後十二時を過ぎた……」といった表現が幾度か出てくる。本書では第二部の理論自体が、人生後半の生き方の指針の呈示なのである。神経症・精神病の患者の治療学から、人間心理一般へと比重が移行していることは注目に値する。世界大戦という未曾有の人間悲劇を体験することによって、ユングは二十世紀社会一般の病理とでもいうべきものをいち早く感じとっていたのであろう。その意味でもユング理論は、他ならぬ二十世紀の申し子であり、まさしく現代的で、時代に即しているのである。

四　本書のユング理論における位置

本書『自我と無意識の関係』は、一九二八年著者ユング五十三歳のときに発表された。ユングの思想が発展し完成するのは、『心理学と錬金術』（一九四四／四五年）を出発点として七十歳以降とされるから、まだまだ当時のユングは「若かった」のである。今日のユング全集では『分析心理学に関する二論文』と題して、『無意識の心理（学について）』と並べて収められている論文である。ユング自身、この書物のことを一気呵成に書きおろされた著述ではなく、長い年月に及ぶ努力の表現なのだという言い方をしている（一九三四年版「序言」）。もともと一九一六年のドイツ語による講演が母胎である。この講演草稿『無意識の構造』は、フランス語版（La structure de l'inconscient）、英語版（The Concept of the Unconscious）は刊行されていたものの、ドイツ語版（Die Struktur des Unbewußten）は一九六四年全集版収録ではじめて活字化された。

ユング独自の無意識理論の萌芽は、一九一二年出版の『リビードの変容と象徴』（のち改題『変容の象徴』）に顕著であり、そこでは無意識過程の考察が個人的実例から、歴史的・民族的素材へと広げられている。そしてこの著作は、フロイトからの訣別の機縁となった。時代的には『リビードの変容と象徴』と『心理学と錬金術』とのちょうど中間の年に発表されたこの『自我と無意識の関係』は、フロイトの学説から離別し、ユングの分析心理学の理論が構築され、確立されてゆく一九三〇年までの頃の成果の報告である。集合的無意識の概念を紹介し（第一部）、個性化過程の考えを打ち出した（第二部）本書は、まさしくユング心理学の基盤を築き上げた論述であり、ユング思想の基本体系のあらましを見渡すのに打ってつけの著作なのである。

すでに邦訳のある『無意識の心理（学について）』（なおこの論文も、最初の『心理学の新しい道』一九一二年、を皮切りに、内容的変遷にともない、『無意識過程の心理学』一九一七年、『正常な心の営みと病的な心の営みにおける無意識』一九二五年、『無意識の心理学について』一九四二年、と標題を変えてゆく）は、新しい心理学を切り拓くという意欲の反映であろうか、フロイト心理学、アードラー心理学との差異の強調が目立つ。フロイトが『精神分析運動史』において論陣を張ったのと同じで、自説擁護の砦という印象を強く与える。そうすることによって確保された土台を足場にして、本書でユング心理学の世界の内部構築が展開される。つまり、二論文を合わせて読めば、ユング学説の全体を外と内から眺めたことになるわけである。

　ところで、この論文『自我と無意識の関係』でユングは自説を世に問うたのであり、その限りではユング心理学の基礎概念はしきりに登場する。個人的無意識、集合的無意識はもとより、元型、ペルソナ、アニマ、アニムス、とユングには欠かせない諸概念である。しかし論述全体の狙いは、入門書としてユング学説を支えるこれら基礎概念を個々に詳細に解説してゆくことにはない。むしろ力点は、ユング思想の全体像を粗描することの方に置かれているのである。たとえば本書の後半核心――ひいてはユング思想の要諦――ともいえる個性化過程にしても、一六四ページ（「人格の中心点」）、一八九ページ（「潜在的中心点」）、一九〇ページ（「本来《ゼル》的自己《プスト》」、一九三ページ（「人生の目標」）とたて糸をたぐってゆけば、そこにおのずとユングの言わんとすることが浮かび上がってくるであろう。

　ユング自身は、この本来的自己の達成、全体性の統合の道をいろいろな形で模索しながらその思想を拡大し、深化させていった。その集大成が『結合の神秘』であり、その他数々の晩年の著作群となって刊行された。心理学と宗教との接点に立って追求される人間認識の広大なる世界の思索者として、一精神病医ユングから思想家ユングへと成長をとげてゆく節目に、本書『自我と無意識の関係』は位置づけられよう。『黄金の華の秘密』が世に出るのは、本書公刊のまさしく翌年の一九二九年のことであり、本書最終章のつづきは『黄金の華の秘密』に書いてある、とはユング自身の言葉なのである（一九三四年版「序言」）。

＊

ユングの提言通りに、本書から『黄金の華の秘密』へと読み進まれるかもしれない読者諸賢に、能と能との合間に演じられる狂言の役割めいたものなりとも、この文学畑のディレッタンティズムに終始した解説が果したであろうか。自信はまったくない。それにしても、ユングの世界と顕在的・潜在的に関係を有する領域は多岐にわたる。ひとり芸術・文学に限らない。宗教、神話、哲学、美学、民俗学、社会学、教育、その他それぞれの関心に応じた可能性があるであろう。ユング最大の魅力は、かかる多様的接近を許容する広さと深さにある、と言って過言ではない。

なおC・G・ユングは一八七五年七月二十六日スイスのケスヴィルに生まれ、一九六一年六月六日スイスのキュスナハトに没した。八十五歳の生涯であった。

＊

翻訳底本として Die Beziehungen zwishen dem Ich und dem Unbewußten, Zürich, 1933 を使用、必要に応じ英訳も参照した。

本文中の『ファウスト』の翻訳などで恩恵を蒙った高橋義孝先生はじめ、解説のなかで引用させていただいた諸先達に、厚く御礼の言葉を申し上げる。またギリシア語についてご教示下さった同僚の神学者八木誠一氏に感謝申し上げる。ともすれば遅れがちになった訳出の仕事ぶりを叱咤激励し、わがままをご海容下さった人文書院樋口至宏氏、森和氏に深甚の謝意を表する。最後に、誤訳、誤記、訳者の思いちがいなどについて、読者諸賢のご叱正、ご教示をお願いしておく。

一九八二年十月

訳者

訳者紹介

野田　倬（のだ　あきら）
1936年福岡県生まれ。2015年逝去。九州大学独文科卒業。東京工業大学名誉教授。レーゲンスブルク大学客員教授。専攻、ドイツ文学・文芸理論。日本ユングクラブ委員。〔訳書〕G・アードラー『魂の発見』、ユング『アイオーン』、O・ランク『英雄誕生の神話』、フロイト『ある五歳男児の恐怖症分析』（共訳）など。

自我と無意識の関係〔新装版〕

一九八二年一一月二〇日　初版第一刷印刷
二〇一七年　七月二〇日　新装版　初版第一刷発行
二〇二四年　八月二〇日　新装版　初版第三刷発行

著　者　C・G・ユング
訳　者　野田　倬
発行者　渡辺博史
発行所　人文書院
〒六一二－八四四七
京都市伏見区竹田西内畑町九
電話〇七五・六〇三・一三四四
振替〇一〇〇〇－八－一一〇三

装　幀　間村俊一
印刷所　モリモト印刷株式会社

落丁・乱丁本は小社送料負担にてお取り替えいたします

ISBN978-4-409-33054-8 C0011